Gerhard B. Winkler

Das Papsttum

Entwicklung der Amtsgewalt von der Antike bis zur Gegenwart

Gerhard B. Winkler

Das Papsttum

Entwicklung der Amtsgewalt von der Antike bis zur Gegenwart

TYROLIA

Mit kirchlicher Druckerlaubnis

Mitglied der Verlagsgruppe „engagement"

Bibliografische Information Der Deutschen Bibliothek
Die Deutsche Bibliothek verzeichnet diese Publikation in der Deutschen Nationalbibliografie; detaillierte bibliografische Daten sind im Internet über http://dnb.ddb.de abrufbar.

2002
Verlagsanstalt Tyrolia, Innsbruck

Umschlaggestaltung: Gabriel Weinberger
Gesamtherstellung: Plöchl Druck Gesellschaft m.b.H. & Co.KG.
ISBN 3-7022-2493-9

INHALT

VORWORT

Der vorliegenden Schrift liegen Unterlagen von Vorlesungen zugrunde, die ich zu Beginn der 90iger Jahre an der Salzburger Universität gehalten habe. Ich war überrascht über das vergleichsweise rege Interesse der Hörerschaft, die diese zweistündige Nebenvorlesung am Nachmittag besuchte. Diesen Studierenden, den älteren und den jüngeren, möchte ich das Büchlein widmen.

Damals war ein auffälliger Paradigmenwechsel mit einer aufrichtigen Suche nach den Ursprüngen des Christentums und den historisch absicherbaren Inhalten der katholischen Überlieferung *(παράδοσις ...parádosis)* festzustellen. Gleichzeitig war zu beobachten, daß das grundlegende Glaubenswissen über die Entwicklung der Ekklesiologie auch bei Theologiestudierenden keine Selbstverständlichkeit mehr war. Diese Art von mangelnder Information über einschlägige Texte und Fakten brachte unnötige Schwierigkeiten, ein Kirchenbild voller Vorurteile und Mißverständnisse, dazu eine freudlose Existenz mancher an sich gut eingestellter Christen.

Wenn dieses Büchlein zum edlen Streben nach Wahrheit, zur Befreiung durch eine christlichen „Aufklärung" und damit zur Gewinnung eines fröhlicheren Herzens (2 Kor 9,7) beitragen könnte, würde ich mich freuen.

Ich verdanke folgenden Herren Ermunterung durch kritisches Mitlesen und konstruktive Vorschläge: (†) Ferdinand Holböck (Salzburg), Johannes Singer (Linz), Othmar Hageneder (Wien), Emmeram H. Ritter (Regensburg) und Gabriel Weinberger OCist, em. Abt des Stiftes Wilhering, dem ich obendrein in den technischen Belangen der Textgestaltung und im Management für die Drucklegung verpflichtet bin. Tyrolia Innsbruck danke ich für die Aufnahme der Schrift in das Verlagsprogramm.

G. B. Winkler

Wilhering, zum Fest „Peter und Paul" 2002

Wenn katholische Christen vom „Petrusamt“ sprechen, machen sie eine Glaubensaussage, die allerdings zu begründen ist. Sie gehen von der Voraussetzung aus, daß die in den neutestamentlichen Schriften hervorragend belegte Sonderstellung des Simon-Petrus nicht nur seiner Person galt, sondern der künftigen Kirche als bleibendes „Felsen"-Amt (πέτρα...*petra*) zugedacht war. Auf diesem sollte die Stiftung Christi errichtet werden (Mt 16,18 ff.). Dazu sahen die östlichen wie die westlichen Christen im Bischof von Rom seit den ersten Zeiten den Träger einer hervorragenden Würde, den Nachfolger des Apostelfürsten, wenn nicht den Inhaber des universalen obersten Petrusamtes.

Dies festzuhalten ist nicht widervernüftig und der Erkenntnisweise des historisch Nachforschenden durchaus zugänglich. Denn auch für die strengste Anwendung der historisch-kritischen Methode bleibt die Frage ungelöst, wie es kam, daß eine Institution wie das Papsttum mit erstaunlicher Kontinuität und Formenkonstanz 2000 Jahre zu überleben vermochte. Das gelegentlich sokratische „Nescio" des kritischen Historikers ist der schlichten Glaubensaussage der Christen in diesem Fall wie in manch anderem nicht überlegen. Das Bekenntnis könnte die Ergebnisse der Historie ergänzen, komplettieren und bestätigen, daß Christus, der „Eckstein", nämlich Petrus, dem Kephas-„Felsen", verheißen hat, daß „die Pforten der Hölle die <auf ihn gebaute> Kirche" nicht überwinden würden. Dieses entspricht bis heute einem historisch verifizierbaren Sachverhalt.

Durch dieses vernünftige Bekenntnis dürfte nicht der alte Streit der "zwei Wahrheiten" neu entfacht werden: als ob Wissenschaft und Glaube unüberbrückbare Gegensätze seien. Vielmehr wird gut begründet eine Lücke geschlossen, welche die profanen Wissenschaft in methodischer Selbstbeschränkung nach ihren Möglichkeiten offen halten kann und soll.

Aber in jeder Wissenschaft fördern sogar Hypothesen und vorläufige Erklärungsmuster das Fortschreiten der Erkenntnis. Die daraus gefolgerte Interpretation kann durchaus legitim sein und den ansonsten unbeschauten Fakten Leben einhauchen. Es entspricht aber wissenschaftlicher Redlichkeit, sich vor der Inangriffnahme einer rationalen Studie der Voraussetzungen möglichst illusionslos bewußt zu sein, die auf personalen Entscheidungen beruhen. Die Überzeugung beinhaltet in unserem Fall die schon erwähnte Auslegung, daß die Evangelisten mit der besonderen Stellung des Apostels Petrus, des „Felsen", mit seiner „Schlüsselgewalt" (Mt 16,19), auch eine für dessen Nachfolger gültige Aussage machen wollten: nämlich daß Gott Fundament und „Fels" dieser Kirche sein würde, wofür das Amt des Petrus ein sichtbares und gnadenhaftes Zeichen sein sollte. Dabei beziehe dieser seinen Namen von Gott, dem „Felsen", wie jeder Christ nach den Worten Augustins seinen Namen von „Christus" geerbt habe.[1] Die Nachfolger des Petrus bekommen als Bischöfe von Rom die Schlüssel- und Bindegewalt (Mt 16,18; Joh 21, 15 ff.), an der die Bischöfen des Erdkreises Anteil haben (Mt 18,18); sie erhalten nach ihrer „Bekehrung" den Auftrag, ihre „Brüder zu stärken" (Lk 22,32).

So gesehen unterliegt die Geschichte des Petrusamtes den Regeln der Dogmenentwicklung, wie sie John Henry Newman unmittelbar vor seiner Konversion zur römisch-katholischen Kirche immer noch unübertroffen formuliert hat.[2] D. h., die späteren Ausformungen des Papstamtes und des päpstlichen Selbstverständnisses haben in der apostolischen Kirche des ersten Pfingstfestes (Apg 2,1 ff.) ihren Ursprung und gehen nach katholischer Lehre letztlich auf den Willen Christi zurück.[3] Allerdings wäre es hermeneutisch verfehlt, das Dogma vom Jurisdiktionsprimat des Ersten Vatikanums (1869/70) mit seiner *potestas ordinaria, vere episcopalis et directa* mit all seiner Vorgeschichte und seinen konkreten Anlässen schon im christlichen Altertum entfaltet zu erwarten. Einen katholischen Christen überrascht jedoch nicht die beachtliche Kontinuität zwischen dem Petrusbild des Neuen Testaments (Mt 16,13-19, Lk 22,32, Joh 21,15-17), dem Papsttum der Kirchenväterzeit und der späteren Entwicklung. Selbst wenn die Hagiographen wirklich ihre Petrustexte erst nach dem Tod des Apostelfürsten niedergeschrieben haben sollten, würde das noch deutlicher zeigen, daß sie Strukturen der bereits gewachsenen Frühkirche im Auge gehabt haben, welche die persönliche Sendung des Apostelfürs-

---

1 „Sic a petra Petrus, quomodo a Christo Christianus": AUGUSTINUS, s. 259, c. 1, 1, in PL 38, 1348 - 1352, 1348. „...in Christo sit quem vis esse Christianum": AUGUSTINUS, s. 46, 10 f. *De Pastoribus*, in: CCL 41, 538. Verfolger wollen beides beseitigen: „... de terra nomen Christi et nomen Christianorum...": AUGUSTINUS, *Enarrationes* in Ps 90, s. 1, 8, in: PL 37, 1154. Über den „christlichen" Charakter der Makkabäer Märtyrer: AUGUSTINUS, *Sermones de sanctis* 30, c. 2, 2 in: PL 38, 1377. „Ea gratia fit ab initio fidei suae homo quicumque christianus, qua gratia homo ille ab initio suo factus est Christus": AUGUSTINUS, *De praedestinatione* c. 15, 30 f., in: PL 44, 981 ff.

2 John Henry Kardinal NEWMAN, *An Essay on the Developement of Christian Doctrine* (1845), ed. Ian KER, Notre Dame 1989.

3 „Der Herr Jesus gab seiner Gemeinschaft eine Struktur, die bis zur Vollendung des Reiches bleiben wird. An erster Stelle steht die Wahl der Zwölf mit Petrus als ihrem Haupt": KKK, 230, Nr. 765.

ten als überzeitliches Amt weiterführten. Das wache Interesse der Evangelisten an der Person und dem Amt des Petrus wäre demnach auch im Zusammenhang mit der sonstigen frühen Lehre von der Kirche zu verstehen. Dafür gibt es genug vernünftige Indizien.

Wir wollen an dieser Stelle zwischen Papstgeschichte und Geschichte des päpstlichen Primatsverständnisses bzw. einer Geschichte des „Petrusamtes" unterscheiden. Beide bedingen einander. Die Papstgeschichte als unverzichtbarer Bestandteil wenigstens der westlichen Christenheit, ist ohne die fast 2000jährige Idee des Petrusamtes unverständlich, während diese nicht als bloße Mentalitätsgeschichte beschrieben werden kann, ohne daß die konkreten Wechselfälle der einzelnen Papstbiographien berücksichtigt würden. Auffallend ist das Interesse nichtkatholischer Historiker, worauf Bernhard Schimmelpfennig wiederholt verwiesen hat[4]: Die Geschichte der Stadt Rom des Rankeschülers Gregorovius ist immer noch ein Klassiker der Historiographie.[5] Erich Caspars Editionen und seine Geschichte des frühen Papsttums hat bleibenden Wert[6] Der große, aus einem baltischen Pfarrerhaus stammende „Altprotestant" Johannes Haller, wie ihn Horst Fuhrmann sieht, bestand darauf, man müsse eigentlich wie die Magdeburger Centuriatoren des 16. Jahrhunderts nur die Geschichte des „Papsttums", nicht die der Päpste schreiben, denn von den einzelnen Inhabern des Amtes wisse man zu wenig. Horst Fuhrmann, der langjährige Direktor der *Monumenta Germaniae Historica*, bekennt sich als Protestant zum Faszinosum einer in der Geschichte einzigartigen Institution, die zwei tausend Jahre in erstaunlicher Kontinuität überdauert hat.[7] Der anglikanische Canon Kelly aus Chichester/Oxford schrieb zuletzt ein sehr brauchbares, unglaublich respektvolles Lexikon der Päpste.[8]

---

[4] „Das Papsttum ist die einzige Institution, welche die antike und mittelalterliche Vergangenheit Europas mit der Gegenwart verbindet": Bernhard SCHIMMELPFENNIG, *Das Papsttum. Von der Antike bis zur Renaissance*, Vierte Aufl., Darmstadt 1996, VII.

[5] Ferdinand GREGOROVIUS, *Geschichte der Stadt Rom im Mittelalter vom V. bis zum XVI. Jahrhundert*, 3 Bde., hrgb. Waldemar KAMPF, Darmstadt 1963.

[6] Erich CASPAR, *Geschichte des Papsttums*, 2 Bde., Tübingen 1930 - 1933.

[7] Horst FUHRMANN, *Die Päpste. Von Petrus zu Johannes Paul II.*, München 1998.

[8] J. N. D. KELLY, *The Oxford Dictionary of Popes*, Oxford, New York 1986.

ERSTES KAPITEL

Das Rom der Apostel Petrus und Paulus um die Jahrhundertwende: Der hl. Clemens von Rom.[9]

(1) Nach der Christenverfolgung des Kaisers Nero (64 n. Chr.), der zumindest der Apostel Petrus, wenn nicht auch Paulus zum Opfer gefallen waren, erholte sich die römische Kirche erst allmählich. Bis rund 150 n. Chr. dürfte „die Kirche vor Ort im Bezirk der Römer" kaum 200 Seelen gehabt haben. Der „monarchische" Episkopat, wie er in den „Pastoralbriefen" des NT als selbstverständlich gilt und in Antiochien (der ersten „Petrus"-Kirche) erstmals um 110 mit aller Deutlichkeit belegt ist, wurde im Erscheinungsbild auch der römischen Ortskirche bereits eine Generation später als Normalität betrachtet.[10] Es ist kein Zufall, daß das „Syrien" des Märtyrers Ignatius von Antiochien eine Weile wie eine Lehrmeisterin der jungen Christenheit erscheint. Denn von hier zogen Paulus und Barnabas aus. Hier war der Ursprung des „Christen"-Namens (Apg 11,19 ff.). Von hier stammten auch die ersten griechisch sprechenden Gläubigen der Stadt Rom. Die römische Gemeinde war demnach zunächst eine „orientalische" Kirche. Das *Ex oriente lux* gilt auch für sie.[11]

(2) Schon um 154 kam nach dem Zeugnis der *Historia Ecclesiastica* II, 25 des Eusebius von Cäsarea (+ 339) der hl. Hegesipp, ein des Syrischen und Hebräischen mächtiger Apologet und erster „Kirchenhistoriker", nach Rom und fand dort bereits Bischofslisten vor, die er dann in seinem großen, gegen die Gnostiker gerichteten „Erinnerungen" („ὑπομνήματα...Hypomnemata") um 180 aufnahm.[12] Darunter waren die später im Römischen Kanon zitierten Nachfolger des hl. Petrus in

---

9 Gerhard Schneider (Hrgb.), Clemens von Rom, *Brief an die Korinther*, in: FC 15 (1994). Joachim Gnilka, *Petrus und Rom. Das Petrusbild in den ersten zwei Jahrhunderten*, Freiburg/Br. 2002, 208 - 215.

10 Eugen Ewig, *Der Ausbau der kirchlichen Verfassung*, in: HKG I (1985) , 176.

11 Johannes Auer z. B. spricht nicht nur vom jüdischen, hellenistischen und römischen Einfluß auf das junge Christentum, sondern vor allem sehr früh vom "syrischen": Johannes Auer, Joseph Ratzinger, *Kleine Katholische Dogmatik*, Bd 8 ("Die Kirche"), Regensburg 1983, 56 ff.

12 Eusebius von Cäsarea, *Kirchengeschichte* (HE II, 25), hrgb. Heinrich Kraft, München 1967, 146.

Rom: Linus, (Ana-)Kletus, Klemens. Sie verbürgen gegenüber den sektiererischen Gnostikern die „Sukzession" der apostolischen Lehre (διδαχή ...*didaché, παράδοσις...parádosis*). Niemand würde damals neben dieser immerhin beachtlichen Autoritätsstellung der „Bischöfe von Rom" vor 150 einen ausgeklügelten Verwaltungsapparat und entsprechende Ämter neben dem üblichen Kollegium der Presbyter und Diakone erwarten. Das war angesichts der Existenz einer verschwindenden Minderheit von Christen, der sprichwörtlichen kleinen Herde („pusillus grex": Lk 12,32), im heidnischen Rom von damals noch nicht zu erwarten. Andererseits wäre es nach der Konzeption des Klemensbriefes sicher auch voreilig, dem Verfasser zwar nicht die geistliche Zuständigkeit und Eignung (die *auctoritas*), wohl aber die hirtenamtliche Vollmacht (die *potestas)* abzusprechen. Es ist zwar verständlich, wenn mit Recht zurückhaltende Historiker erst ab dem 3. Jahrhundert von einem „Papsttum" der Bischöfe von Rom sprechen wollen. Gleichwohl widerspricht es aber auch keineswegs dem historisch Gesicherten, zwischen Klemens von Rom (+ um 101) und Papst Cornelius (+ 253) mehr als eine bloß zufällige Analogie der Ämter zu sehen.

(3) Eines teilte die römische „Mutterkirche" mit den ältesten und vornehmsten Kirchen der Ökumene (mit Antiochien, Ephesos, Thessalonike, Philippi und Korinth) vom ersten Anbeginn an: Sie war eine „apostolische" Kirche. Sie konnte nicht nur auf die „apostolische" Verkündigung, auf Martyrium und Apostelreliquien verweisen, sondern gleich auf zwei Gräber von Aposteln, und zwar von nicht beliebigen, sondern auf das des unangefochtenen Sprechers und „Felsen" des Apostelkollegiums und das des „Völkerapostels". Petrus war ursprünglich auf den Vatikanischen Hügeln an der Stätte der heutigen Peterskirche bestattet, dann wurden die Reliquien in der Verfolgung Valerians (253 - 260) an die *Via Appia* aus Sicherheitsgründen umgebettet. Dazu hielt die römische Gemeinde die Gebeine des Völkerapostels Paulus in Ehren, d. h. der für den Hellenen Lukas hervorragendsten Persönlichkeit der Urkirche. Jeder, der weiß, was Reliquien und die Gründer- bzw. Bischofsgräber vom Altertum bis zur Französischen Revolution für die Legitimation einer Kirche bedeuteten, kann den Vorrang Roms für die *Catholica* ermessen, auch wenn dieser zunächst eher frömmigkeitsgeschichtlich zu verstehen ist. Zur Schlußfolgerung, daß das Martyrium der beiden Hauptapostel auch den Klemensbrief nach dem Willen seines Verfassers vordergründig autorisierte, kam jüngst auch Joachim Gnilka.[13]

[13] „Hauptgrund für das Ansehen der römischen Gemeinde": Joachim GNILKA, *Petrus*, aaO, 214.

(4) Die „Verehrung" der Gräber war aber zugleich mit der ernsten Suche nach der unverfälschten christlichen Lehre verbunden, wie sie der um 200 schreibende Presbyter Gaius unternahm.[14] Er bezog sich in seiner Argumentation gegen den Montanisten Proklos unter Papst Zephyrinus (199 - 217) auf die Existenz der Apostelgräber in Rom (der τροπαῖα...tropaia, wie er sie nannte).[15] Diese garantierten Segen, kirchliches Wachstum, die genuine Bewahrung der apostolischen Lehre und der kirchlichen Einheit. Das war der Vorrang Roms, der „Hauptstadt der Frömmigkeit" (wie sie später der Kirchengeschichtsschreiber Sozomenos <439/450> nennen sollte). So weit können wir das nach den spärlichen Quellen der unmittelbar nachapostolischn Zeit des 2. Jahrhunderts sagen.[16]

(5) Dieses Stadium der Entwicklung markieren zwei hervorragende Dokumente der sgn. „Apostolischen Väter": der Klemensbrief und die Episteln des hl. Ignatius von Antiochien.

Der Klemensbrief wurde um 92 n. Chr. (möglicherweise schon früher zur Zeit der Verfolgung unter Kaiser Nero) an die Gemeinde von Korinth geschrieben, wo es einen Aufstand gegen die rechtmäßigen „Presbyter" gegeben hatte. Die Verfasser reden den Korinthern mit „apostolischer" Autorität ins Gewissen. Der Brief sei unter Anleitung des Heiligen Geistes geschrieben und die Adressaten riskierten Verstrickung in Sünde, wenn sie dieser nicht Folge leisteten.[17] Damit der Brief nicht nur als unverbindliche Ermahnung verstanden würde, ordnete der Verfasser auch kontrollierbare „Maßnahmen" an, indem er das Schreiben drei angesehenen Bevollmächtigten übergeben läßt, die zu berichten hätten, wie weit die Zurechtweisung wirksam war oder nicht (c. 65). Walter Brandmüller nannte kürzlich die drei Abgesandten Claudius Ephebus, Valerius Bitho „samt Fortunatus" die ersten Vorläufer der apostolischen Nuntien.[18]

---

14 Berthold ALTANER, Alfred STUIBER, *Patrologie*, Achte Aufl., Freiburg/Br. 1978, 108: EUSEBIUS, HE 3, 28, 1 f.; 3, 31, 4.

15 Karl BAUS, *Das Petrusgrab*, in: HKG I (1985), 137.

16 „Gedenkstätte der Apostel, Hauptstadt der *pietas*": Klaus SCHATZ, *Der päpstliche Primat. Seine Geschichte von den Ursprüngen bis zur Gegenwart*, Würzburg 1990, 16 ff., 19: Der Wortlaut stammt allerdings ursprünglich aus dem Antiochien des 4. Jahrhunderts, überliefert vom Rechtsanwalt SOZOMENOS in Konstantinopel im 5. Jahrhundert, *Kirchengeschichte* III, 8, 5, in: PG 67, 1054 A/B.

17 DH, Nr. 101 - 102, 102: Kap. 49/1. „Wenn aber welche dem von ihm <Christus> durch uns Gesagten nicht gehorchen, so sollen sie wissen, ..."

18 Walter BRANDMÜLLER, *Die Apostolischen Nuntien in Wien*, Festrede zur Präsentation des entsprechenden Buches von Exzellenz Erzbischof DDr. Donato SQUICCIARINI in der Wiener Diplomatenakademie (1998). Joachim GNILKA, Petrus, aaO, 208 hält den Boten Claudius Ephebus für einen kaiserlichen Freigelassenen.

(6) Dieses Dokument, das nach Bischof Dionysos von Korinth (um 170 n. Chr.) von hl. „Papst" Klemens stammte[19] und in Korinth in der Eucharistiefeier vorgelesen wurde[20], ist das erste Zeugnis für die Erfahrung der Urkirche, daß „Ordnung, Demut und Ehrfurcht" vor dem Amt für den Bestand der Kirche unverzichtbar sind, und zwar nicht nur aus praktischen Gründen. Die „Episkopen" und „Diakone" sind nach dem Dokument nicht einfach als Funktionäre abwählbar, weil sie von den Aposteln und damit letztlich von Gott eingesetzt würden und auch im Namen Gottes Anordnung etwa gegen die Spaltung treffen konnten. Die fromme Paränese über Frieden, Eintracht und die Gefährlichkeit des „Neides" täuscht etwas über die zugrundeliegende theologische Zielsetzung vor. Tatsächlich ging es um Grundsätzlicheres. Gerhard Schneider (Bochum) unterstützte die Auffassung, daß die ehrgeizigen Kritiker des "Presbyteriums" in Korinth die mangelnde Redekunst und Bildung der älteren Geistlichen nicht nur oberflächlich ankreideten, sondern daß es ihnen prinzipiell um die Abschaffung zumindest eines Bestandteils der hierarchischen Struktur der frühen Kirche, d. h. des „Priestertums", ging. Auch Joachim Gnilka (München) hält diese Deutung „nicht für ausgeschlossen".[21] Klemens intervenierte demnach, weil die apostolische Kirche von Korinth daran war, die von den Aposteln, analog auch in Anlehnung an die „Ältesten" der Synagoge übernommene Kirchenstruktur für eine neue schwärmerische „Gemeinde" einzutauschen. Möglicherweise haben sich dabei die Aufrührer sogar zu Unrecht auf den „echten" Paulus der Protopaulinen berufen.[22] Der vielbeschworene „Frühkatholizismus" verdrängte jedoch keineswegs die vermeintlich „freigeistige" prophetisch-charismatische Kirche der apostolischen Zeit, vielmehr kann die hierarchische Strukturierung mit Fug als das Ursprünglichere, das „freikirchliche" Prinzip als sekundärer Störfaktor aufgefaßt werden.

(7) Der Klemensbrief wurde eine Zeit lang als eine von Gott eingegebene Schrift beim Gottesdienst behandelt, wie Bischof Dionysos von

---

[19] HE 4, 23, 11. Gerhard SCHNEIDER (Hrgb.), CLEMENS von Rom, *Brief an die Korinther*, in: FC 15 (1994), 16 (Einleitung: „Verfasser und Abfassungszeit").

[20] Gerhard SCHNEIDER (Hrgb.), CLEMENS, ebd., 34 (Einleitung: „Das frühe Ansehen des Briefes").

[21] „Die Aufrührer beanspruchten wohl nicht selbst das Presbyteramt; sie wollen dieses kollegiale Amt abgeschafft wissen": Gerhard SCHNEIDER (Hrgb.), CLEMENS, ebd., 8 (Einleitung; „Anlaß und Zweck"). Joachim GNILKA, *Petrus*, aaO, 210.

[22] Gerhard SCHNEIDER (Hrgb.), CLEMENS, ebd., 37 f. (Einleitung; „Verfassung").

Korinth einige Jahrzehnte später dankbar berichtete.[23] Man betrachtete dieses Dokument gewissermaßen als *Magna Charta* zur Bewältigung einer tödlichen Bedrohung der Kirche. Der Brief wurde zusammen mit den kanonischen Schriften im *Codex Alexandrinus*, einer der ehrwürdigsten und ältesten Bibelhandschriften der Christenheit, abgeschrieben. Mahnschreiben dieser Art machten Schule. Ignatius und andere apostolische „Väter" kannten ihn. Durch das Beispiel der „Enzyklika" wurde wohl auch Bischof Dionysos als Inhaber eines „apostolischen" Stuhles veranlaßt, Ähnliches in ähnlichem Stil zu schreiben. Wenn es auch etwas überinterpretiert wäre, den Klemensbrief bereits als Beleg für den päpstlichen „Jurisdiktionsprimat" im Sinne etwa des 8., 9., 12. oder gar des 19. Jahrhunderts zu betrachten, so tangiert das nicht so sehr das Problem des Klemensbriefes und seinen theologischen Gehalt als das im Wandel begriffene historische Umfeld späterer Jahrhunderte. Später erwiesen sich auch rechtliche Begriffe als nützlich, analoge Überzeugungen zu vermitteln. Denn zur Zeit des „Papstes" Klemens gab es weder eine „Laieninvestitur", noch ein königliches Zensurrecht (das *placetum regium*), noch einen staatskirchlichen Gallikanismus, auch keinen reichsfürstlichen Absolutismus und kein lästiges josephinisches Kirchenkuratel.

(8) So ist der Brief trotzdem ein beachtliches Zeugnis für das Ansehen der römischen Gemeinde mit ihren Würdenträgern, deren Namen nicht einmal überall geläufig waren. Das war weder durch die überragende Qualität des Schreibens noch letztlich durch das politische Ansehen der Reichshauptstadt, noch durch Größe, Einfluß oder sonstige Leistungsnachweise, sondern lediglich durch ihre Nähe zu Petrus und Paulus und durch die ererbte „apostolische" Amtsautorität bedingt. Der Verfasser des Mahnschreibens brauchte nicht seinen Namen zu nennen, weil er ohnedies die drei bevollmächtigten Überbringer als mündliche Boten und Zeugen hatte. Auch wenn man den Klemensbrief nicht als hirtenamtliches Dokument eines „Papstes" lesen wollte, der in einer fremden Ortskirche amtshandelt, so ist das Schreiben doch ein Zeugnis für das Verantwortungsbewußtsein dieser frühen Generation von „Bischöfen" für die Gesamtkirche (nämlich die *Catholica*). Karl Baus erlaubte sich mit Recht die Frage, ob es sich ein gewöhnlicher apostolischer Bischof hätte leisten können, in einer anderen apostoli-

---

23 HE IV, xxiii. Gerhard SCHNEIDER (Hrgb.), CLEMENS, ebd., 34 (Einleitung: „Das frühe Ansehen des Briefes").

schen Kirche derart feierlich aufzutreten und seine Autorität bindend einzufordern.[24] Die Schlußfolgerung, daß das Papsttum späterer Jahrhunderte in den erzählten Vorgängen bereits *in nuce* angelegt war, sollte man nicht im Namen einer an sich lobenswerten methodischen Selbstbeschränkung einfach als indiskutabel abtun.

[24] Karl BAUS, *Ausbau der kirchlichen Verfassung*, aaO, in: HKG I (1985), 179.

ZWEITES KAPITEL

Das Rom der Apostel Petrus und Paulus um die Jahrhundertwende: Der hl. Ignatius von Antiochien.

(1) Der patristisch hochgebildete John Henry Newman (+1890) stellt sich nachdrücklich die Frage, warum der hl. Ignatius von Antiochien nicht mehr über das Papsttum in seinem Römerbrief geschrieben habe.[25] Nach seiner Meinung sei das ebensowenig verwunderlich, wie wenn Paulus den Korinthern nichts über die Bischöfe sage. Er schreibe eben ohne Anspruch auf Vollständigkeit nicht über Gegenstände, die damals kein Thema waren. Es entging Newman aber die auffallende Feierlichkeit, mit welcher der „Bischof von Syrien" die römische Gemeinde vor den anderen auszeichnete. Die apostolische Sorge für eine Reihe von Bischofskirchen außerhalb der eigenen galt in besonderem Maße auch für Ignatius: zum kirchlichen „Syrien" gehörten damals Smyrna, Magnesium, Philadelphia, Ephesus und Tralles, alle unweit der Ostküste Kleinasiens, Tochterkirchen von Antiochien. Ignatius war selbst ein Nachfolger Petri auf dem Stuhl zu Antiochien. Erwähnte aber seltsamerweise diese Nachfolge („Sukzession") nicht.[26] Bischofslisten sind erst eine Generation später in der Auseinandersetzung mit den damals aktuell gewordenen Gnostikern im Schwang, was für die übliche Datierung des Römerbriefs (110) spräche.[27] Allerdings ist er dem Beispiel und Vorbild des „Klemensbriefes" gegenüber nicht unempfindlich, so daß man von einem ererbten „apostolischen" Amtsverständnis durchaus sprechen kann. Er sprach Rom ähnlich wie Antiochien als „Region" an, obwohl auch damals schon der spätere Grundsatz galt, daß der Bischof nach einer Stadt, nicht eigentlich nach einem

---

25 John Henry NEWMAN, *An Essay on the Development of Christian Doctrine* (1845), ed. Jan KER, Notre Dame 1989, 149: „... it is true St. Ignatius is silent in his Epistles on the subject of the Pope's authority; ..."

26 Er „kennt den Sukzessionsgedanken nicht": Joachim GNILKA, *Petrus*, aaO, 223.

27 Zur Datierungsfrage und die Kontroverse um die Spätdatierung R. M. HÜBNERS vgl. Joachim GNILKA, *Petrus*, aaO, 216, Anm. 21.

Land genannt wird.[28] Ob damit ähnlich wie bei „Gegend von Syrien" bereits eine Art Filiationsverband von Tochterbistümern gemeint war, wäre zu bedenken.

(2) Er schrieb im Angesicht des in Rom bevorstehenden Martyriums seinen Römerbrief mit der Bitte an die Adressaten, nicht wegen seiner Verurteilung zu intervenieren. Dazu verfaßte er Mahnschreiben an seine sechs „Suffragane" Ephesus, Magnesia, Tralles, dann an die von Philadelphia, Smyrna und ihren Bischof Polykarp mit der Ermahnung zur Einheit.[29] Bei ihm gibt es parallel zu der Entwicklung, welche die kanonischen Pastoralbriefe spiegeln, die klare Trennung von Bischöfen, Presbytern und Diakonen („nihil sine episcopo") als der Garanten der kirchlichen Einheit. Auffallend ist allerdings das hymnische Lob für die römische Gemeinde. Er nennt die römische Kirche die „προκαθεμένη τῆς ἀγάπης...prokatheméne tes agápes", die „Vorsteherin in der Liebe"; manche übersetzten auch „im Liebesbund",[30] die Erste „in der Ehre" hieß es sonst bei den Vätern, „in der Pracht des Vaters und des Sohnes" hieß es bei Ignatius. Die „Agápe" bedeutet im Textzusammenhang auf alle Fälle den Inbegriff des neuen Christentums, „das Gesetz Christi" und den neuen Vaternamen für Gott.

(3) Patriarch Athenagoras begrüßte Papst Paul VI. 1964 im alten Phanar mit den Worten des Ignatius: „Erster an Ehre" und „Vorsitzender in der Liebe". Kardinal Ratzinger[31] glaubte kürzlich, diese Anrede des hl. Ignatius schon im katholischen Verständnis der Lehre vom päpstlichen Primat deuten zu können: Die „Ehre" („ἐν μεγαλειότετι πατρός ὑπίστου...en megaleioteti patros hypistou": in Glanz, Größe, Majestät des höchsten Vaters) sei vom „Felsen Petri" nicht im Sinne „weltlich protokollarischer Etikette", sondern von Zeugnis und „Martyrium" ausgesagt. Da bedeute „Ehre" sowohl die *gloria* Gott gegenüber als

---

28 Seit dem Allgemeine Konzil von Nizäa (325) und can. 6 der Synode von Sardika (343) wurde die spätantike volkreiche „civitas" als der geeignete Bischofssitz vorgesehen und deutlich vom „Land-" (Chor-) Bischof unterschieden: R. KAISER, Art. „Bischofsstadt", in: LexMA 2(1983), 239. Willibald M. PLÖCHL, *Geschichte des Kirchenrechts*, Bd. 1, Zweite Aufl., Wien etc. 1960, 54 ff.; 170 f.

29 Carl MIRBT/Kurt ALAND (Ed.), *Quellen zur Geschichte des Papsttums und des Römischen Katholizismus*, Sechste Aufl. Tübingen 1967, Bd 1, Nr 33 - 41, 15 - 18.

30 Berthold ALTANER/ Alfred STUIBER, *Patrologie*, Achte Aufl., Freiburg 1978, 49. Oder ähnlich in der lateinischen Fassung „vorstehend der umfassenden Versammlung der Liebe" (*universo caritatis coetui praesidens*). Ed. Franz X. FUNK 1, 213.

31 Joseph Cardinal RATZINGER, *Ein Briefwechsel zwischen Metropolit Damaskinos und Kardinal Ratzinger*, in: Int. Kath. Zs Communio 30 (2001), 282 - 296, 292. Joseph Cardinal RATZINGER, *Weggemeinschaft des Glaubens. Kirche als Communio*, hrgb. Stephan Otto HORN, Vinzenz PFNÜR, Augsburg 2002, 187 - 209, 202.

auch die der Fußwaschung (des *mandatum*), des „Ehrendienstes" an seinen Zwölf beim letzten Abendmahl (Joh 13,34). Der Jurisdiktionsprimat des Papstes sei demnach das oberste Hirten-, d. h. „Dienst"-Amt der Kirche. Die Anrede „Erster an Ehre" und „Vorsitzender in der Liebe" komme letztlich auf die Aussage „Erstgehorchender" hinaus.[32] Ein „Ehrenprimat" der Väter habe daher kaum etwas zu tun mit neuzeitlichen Fragestellungen von „Jurisdiktion" und „Ehre", mit dem „Ehrenprimat" der Febronianer und auch der orthodoxen „Schwesterkirchen". Vor allem sollten diese nicht in jedem hirtenamtlichen Auftreten ihres *primus inter pares* päpstlichen „Imperialismus" vermuten. Vielmehr ist diese frühchristliche Primatsauffassung vom Verlangen nach der Christusgleichheit im Martyrium zu verstehen. Das ist in etwa auch das Resumé der Analyse Gnilkas.[33] Dazu kam das eucharistische Motiv.

(4) Die Römer hatten traditionell andere Gemeinden durch Hilfsaktionen unterstützt, wie evangelische Autoren immer wieder mit Recht betonen. Für Ignatius ist Rom zwar auch eine Anführerin in der „Caritas", d. h. aber nicht nur als leibliche Wohltäterin, sondern Mutter und Lehrerin („Mater et Magistra") in geistlichen Belangen. Denn wegen ihrer apostolischen Würde sei sie berufen zur Zurechtweisung.[34] „ἀγάπη...Agápe" enthält aber sicher auch eine eucharistische Bedeutungsebene. Denn sein Vermächtnis, sein *Ceterum censeo* der hierarchischen Struktur als Einheitsprinzip der Kirche, verbindet Ignatius auffällig deutlich mit der Eucharistie als Sakrament der Einheit. Der Bischof nahm die Stelle Gottes, desVaters, die Presbyter die der Apostel, die Diakone des dienenden Christus ein. In der Eucharistie wird die Einheit der Ämter in Vater, Sohn und Geist verwirklicht:

> Darum seid darauf bedacht, eine Eucharistie zu feiern. Denn eines ist das Fleisch unseres Herrn Jesus Christus und einer der Kelch zur Gemeinschaft mit seinem Blut, einer der Altar, wie einer der Bischof mit dem Presbyterium und den Diakonen, meinen Mitknechten. Alles, was ihr tut, tut im Sinn Gottes![35]

---

32 „Der Papst ist kein absoluter Monarch, dessen Wille Gesetz ist, sondern im Gegenteil - er muß immer versuchen, der Eigenwilligkeit zu widerstehen und die Kirche ins Maß des Gehorsams zu rufen, darum aber selbst der Erstgehorchende zu sein": Joseph RATZINGER, *Metropolit Damaskinos*, aaO, 292.

33 Joachima GNILKA, *Petrus*, aaO, 224 f.

34 Klaus SCHATZ, *Primat*, aaO, 18. Ignatius „zitierte" Rom als „Lehrerin" mit Anspielung auf den Klemensbrief.

35 IGNATIUS von Antiochien, *Brief an die Philadelphier*, Nr. 3, 2 - 5.

Diese Sicht kommt der von den späteren Päpsten geübten Zeremonie einer „Interkommunion" der in Gemeinschaft mit der Mutterkirche lebenden Suffragane nahe. D. h., der Bischof von Rom ließ seine benachbarten Titelkirchen durch Übergabe einer Hostienpartikel als Zeichen des Friedens und der Glaubenseinheit an seiner Eucharistie teilhaben.[36] Wenn er dieses Zeichen verweigerte, bedeutete das „Exkommunikation" als Ausdruck eines gestörten Glaubensverhältnisses. Damit wäre der Unterschied zum „Bischof der Bischöfe" des Mittelalters so erheblich nun wieder nicht.[37]

(5) Rom erfreute sich seit den Tagen des Ignatius hymnischer Anreden, die zumindestens auffällig sind, weil sie in dieser Frühzeit mit der politischen Stellung Roms kaum etwas zu tun haben. Der Symbolismus von den beiden „Apostelbrüdern" Petrus und Paulus als Nachfolgern des Romulus und Remus und Stiftern eines neuen christlichen Rom stammt erst aus der Wende vom 4. zum 5. Jahrhundert. Bei Ignatius „deutet sich <nach Karl Baus> im Bewußtsein außerrömischer Christen eine Wertung der römischen Gemeinde als solcher an, die in der Linie einer Vorrangstellung liegt."[38]

(6) Ignatius preist die römische Kirche (*ἐκκλεσία...ecclesia*), die „geliebte" und „erleuchtete" sechsmal mit dem liturgischen „ἅγιος... hágios", d. h. „würdig", respektgebietend, heilig, bevor er sie in einem siebten Epitheton, sozusagen in einer Klimax, als „die Vorsteherin der Agape" bezeichnet. Er nennt sie zuvor die „Gottwürdige" (*ἀξιόθεος...axiotheos*), die „Würdige der Achtung" (ἀξιότρεπης... *axiotrepes*), die Würdige der Seligpreisung (*ἀξιομακάριοτος... axiomakaristos*), die Lobwürdige (*ἀξιόπαινος...axiopainos*), Würdige an Leistung (ἀξιοεπίκτευτος...*axioepikteutos*) und die Würdige an unberührter „Keuschheit" und Heiligkeit (*ἀξιόαγνος...axióagnos*). Der Ver-

---

[36] Ludwig EISENHOFER, *Grundriß der Liturgik des römischen Ritus*, hrgb. Joseph LECHNER, Fünfte Aufl., Freiburg/Br. 1950, 224.

[37] Als Leo III. 798 das Bistum Salzburg zur Metropolie erhob, schrieb er dem neuen Erzbischof Arn: Bis jetzt sei er nur nur ein gleicher unter gleichen gewesen, von nun an müsse er aber im Namen des Papstes bei seinen Suffraganen in Freising, Regensburg und Passau nach dem Rechten sehen. Heinz DOPSCH (Hrgb.), *Leo III. an die Bischöfe Bayerns (798 April)*, lateinisch/deutsch, in: 1200 Jahre Erzbistum Salzburg, hrgb. Domkapitel zu Salzburg, Salzburg 1998, 25 f. SUB II, 3 f., Nr. 2a. Die Formel „Episcopus episcoporum" verwandte bereits TERTULLIAN, sarkastisch auf Papst Calixt I. (217 - 222) gemünzt: *De pudicitia*, c. 1, in: PL 2, 979 - 982. Näheres vgl. unten Anm. 61 - 63.

[38] Ignatius verwende eine feierliche Anrede an die Römer, die „einmalig ist im Vergleich mit den Adressen seiner anderen Briefe. Die „huldigenden Epitheta" seien kaum mit dem „Temperament oder den Absichten" des Verfassers zu erklären. Karl BAUS, *Ausbau der kirchlichen Verfassung*, in: HKG 1 (1985), 179.

fasser verwendet für das christliche Rom ein Epitheton, mit der die Heiden die „jungfräuliche" Artemis bedachten: Die Petrusgemeinde mit ihrem Hirten beziehe ihre Würde von Gott. Sie verdiene daher Hochachtung. Sie erfülle die Seligpreisungen der Schrift, d. h. „Makarismen" (Mt 5,3-11). Sie sei allen Lobes würdig wegen ihres Amtes und ihrer Taten. Sie sei „unberührt" wie eine Jungfrau. Diese Lobpreisung könnte schon in der Tradition des Topos als Anspielung auf die unverfälschte Lehre gemeint sein - ein Jahrhundert vor Irenäus.

(7) Bis zum Schisma von 1054 wurde Rom einer der wichtigsten Wallfahrtsorte vor allem der östlichen Christenheit. Die eben zitierte hymnische Verehrung Roms als "Gedenkstätte der Apostel und Hauptstadt der Frömmigkeit"[39] wurde fast wie ein ungeschriebenes Gesetz unter den Christen des Ostens und des Westens und spiegelt sich in zahlreichen frühen Dokumenten. Das bleibt zumindest ein Phänomen, für das man Erklärung verlangen darf. Eines wird man zusammenfassend aus dieser unmittelbar nachapostolischen Zeit folgern können, daß der besondere Rang der Bischöfe von Rom weder aus bloßen Nützlichkeitserwägungen noch aus einem „Machtkampf" der Apostelkirchen entstanden ist. Man „konstruierte"[40] sich nicht einfach Bischofslisten zusammen, weil sich im Kampf mit dem gnostischen Sektenwesen ein starkes kirchliches Hirtenamt empfahl. Vielmehr läßt sich die geistliche Autorität schon gleich zu Beginn zeigen. Das „Petrusamt" war demnach kein „Fabrikat" der frühen Gemeinde, sondern ursprünglicher Bestand der apostolischen Kirche. Das Epitheton von der, die den „Vorsitz in der Liebe führt", erscheint durch kein ortskirchliches Prinzip eingeschränkt zu sein.[41]

---

[39] Übersetzung des Ignatius-Textes vgl. Klaus SCHATZ, *Primat*, aaO, 17 - 18: Vgl. um 200 etwa die Aberkios-Inschrift. In dieser schildert um 200 der als Heiliger verehrte begeisterte Bischof von Hierapolis in Phrygien seine Wallfahrt nach Rom: Ebd. 18 f.

[40] Bernhard SCHIMMELPFENNIG, *Das Papsttum*, aaO, 2.

[41] „... einen nicht begrenzten Vorsitz der Liebe": Joachim GNILKA, *Petrus*, aaO, 224.

DRITTES KAPITEL

Die Sonderstellung des Bischofs von Rom (110 - 195 n. Chr.) angesichts der gnostischen „Religion".

(1) Bis zur Mitte des 3. Jahrhunderts mußten zwar die Christen mit lokalen Verfolgungen und Pogromen rechnen, blieben aber von einer flächendeckenden Bekämpfung verschont. Abgesehen von dieser ständig aktuellen Gefahr war die altchristliche Gnosis die größte Herausforderung der frühen Kirche. In dieser ging es im wesentlichen um eine Umdeutung der apostolischen Tradition in ein esoterische Geheimlehren sektiererischer Gruppen, die ihr erfundenes und fälschlich auch als apostolisch ausgegebenes religiöses Geheimwissen zum Anlaß nahmen, sich von den gewöhnlichen „Gläubigen", den nicht „Erkennenden", abzusondern, die Evangelien oft wie Manichäer zu deuten, um in ihrem „Wissen" vordergründige Heilsgewißheit und angemaßte Selbsterlösung zu finden. Zahllose sgn. apokryphe Schriften wurden zum Anlaß von Sektenbildung ohne apostolische Tradition und „geschichtliche Nachprüfbarkeit". Die Gnostiker vertraten pseudoreligiöses Gedankengut der späthellenistischen Welt; sie waren Schwärmer in Spekulation und Lebensstil und benützten parasitär die Etikette von Judenheit und Christentum. Sie waren die Vorläufer der gigantischen Religion des Manichäismus des 3. und 4.. Jahrhunderts. Auch der spätere Islam hatte einen gnostischen Schrift- und Offenbarungsbegriff. Der hl. Irenäus von Lyon (+ um 200), der die Gnostiker seiner Zeit noch als „Häretiker" bezeichnete, fand an ihnen besonders anstößig, daß sie unter der Larve einer christlichen Sekte auftraten und so die Kirche in Mißkredit brachten.[42] Dieser „parasitäre Charakter" der Gnosis veranlaßte Patristiker wie Norbert Brox, die altchristliche Gno-

[42] IRENÄUS, *Adversus haereses*, hrgb. Norbert BROX, in: FC, Bd. 8/1 - 8/5 (1993 - 2001), 8/1, Vorrede (*exordium*) und 8 u. a. Es genüge die „Entlarvung", d. h. das Aufzeigen und Aufdecken des Irrglaubens, um diesen zu überwinden (*peroratio*): I, 31, 3 - 4: ebd. 8/1, 355 - 357.

sis ganz in der Nähe des späteren Manichäismus, d. h. nicht als „Häresie", sondern als eigene „Religion" zu betrachten.[43]

(2) Die Apokryphen mit ihrem fälschlich apostolischen Anspruch („Pseudoepigraphen") waren vielfach gnostischen Ursprungs. Möglicherweise hatten sich schon die Evangelisten mit gnostischen Bestrebungen auseinanderzusetzen, indem sie gnostische Lieblingsbegriffe mit „christlichem" Gehalt füllten[44]: Jesus sei der wahre „λόγος ... Logos", „φῶς ... Phos", „ἄνθρωπος ... Anthropos". Dazu werden in der christlichen Variante der Gnosis „freikirchliche" Tendenzen der frühen Christenheit sichtbar, um es milde auszudrücken.

(3) Dieser Gefahr begegnete die Kirche des zweiten Jahrhunderts auf dreifache Weise: Aus dem Wust pseudoapostolischer Schriften wurde erstens der Kanon der für die Gesamtkirche verbindlichen neutestamentlichen Schriften erstellt. Die Kirchen des „Erdkreises", wie Hegesipp es sah, waren immer mehr bestrebt, bei der öffentlichen Lesung nur mehr „kanonische" Schriften zuzulassen. Zweitens wurde im Sinne der „paulinischen" Pastoralbriefe immer deutlicher der „monarchische" Episkopat als die eigentlich legitime Fortführung des Apostelamtes verstanden. Dieser ist in der „petrinischen" Tradition des hl. Ignatius von Antiochien in „Syrien" am frühesten belegt. Drittens bildete sich eine verbindliche Sakramentenpraxis, vor allem der Eucharistiefeier heraus. Einer gnostischen Spiritualisierung des Altarsakraments sollte die deutliche Hervorhebung des christologischen Opfergedankens entgegenwirken, nachdem bei den früheren Vätern das individuelle Martyrium von der eucharistischen „Hostie" her begründet wurde. Die „Objektivierung" zeigt sich klar bei Irenäus.[45] Die Eucharistie wurde zum Einheitsband des „Erdkreises". Viertens fing man an, nach dem Vorbild der paulinischen Glaubensformeln das *Credo* der Gesamtkirche in katechetischen Zusammenfassungen und „Symbola" zu formulieren. „Symbole" von griechisch „συμβάλλειν ... symballein" bedeutet zunächst nichts anderes als „Kollektion", Zusammenfassung der verbindlichen apostolischen Glaubenssätze. Cyrill von Jerusalem

---

[43] „... Gnosis ... eigenständige Religion": Norbert BROX (Hrgb.), IRENÄUS von Lyon, *Adversus haereses*, Einleitung zu Bd. 1, in: FC 8/1, (1993), 7, Anm 1 und 8. Dieser Band enthält auch eine zusammenfassende Kurzform „Darlegung der Apostolischen Verkündigung" (*ἐπίδειξις ... Epideixis*).

[44] E. HAENCHEN, Art. „Gnosis und NT", in: RGG 2 (1958), 1652 - 1656.

[45] Andreas JUNGMANN, *Missarum Sollemnia*, Wien 1948, Bd. 1, 33 f. Die Eucharistie sei das „Opfer", das die Kirche von den Aposteln empfangen habe und auf der ganzen Welt Gott als Erstlingsgabe darbringe: IRENÄUS, *Adversus haereses*, 4, c. 17. 4 - 6, in: SC 100, 590 - 595.

(315 - 386) sagte darüber einiges später: Nicht alle Christen seien befähigt oder zeitlich in der Lage, die ganze hl. Schrift zu studieren. Aber sie müßten die wichtigsten Glaubenssätze kennen, um das Heil zu erlangen.[46] Die kirchliche Lehre sollte demnach nicht mehr der subjektiven Phantasie und eigenwilligem Empfinden von Schwarmgeistern überlassen bleiben. Der Bischof, vor allem der von Rom, sollte mit seiner „Sukzession" bezeugen, was er von den „apostolischen" Glaubensboten übernommen hatte. Die gemeinsamen Sakramente hatten die Auflösung in private Riten zu verhindern und den „katholischen" Charakter der Christenheit zu gewährleisten.

(4) Rom wurde damals von den Christen, für die Jerusalem immer noch die Urkirche verkörperte, als „Babylon" verstanden und bezeichnet. Trotzdem erscheint die Gemeinde, wo die Reliquien von Petrus und Paulus verehrt wurden, von auffallend „privilegierter Tradition"[47], wie wir schon eingangs gesehen haben. Das ist in einer frühen Zeit bemerkenswert, in der das Apostelpaar „Petrus und Paulus" noch nicht im Sinne des nachkonstantinischen Jahrhunderts den staatsrömischen Mythos der legendären ersten Gründer Rom ersetzen konnte und mußte.

(5) Gegen Ende des zweiten Jahrhunderts wurden erstmals die schon vorhandenen römischen Bischofslisten gesammelt, redigiert und argumentativ ausgewertet, wie wir eingangs erwähnten. In der Person des römischen Bischofs sah etwa Irenäus von Lyon Petrus am Werk. Sein vergossenes Märtyrerblut („cruor") wirkt im jeweiligen römischen Bischof fort und bezeugt die „Ehre Gottes" (Synode von Arles 314[48]). Den Gnostikern wird dagegen vorgehalten, daß sie nicht Treuhänder, sondern Erfinder ihrer Lehren seien.[49] Der Bischof steht primär in der Nachfolge und Autorität des Apostels, wird aber gleichzeitig schon seit den Briefen des Ignatius von Antiochien als Stellvertreter Gottes und Repräsentant Christi gesehen.

---

46 „Cum enim non omnes possint Scripturas legere, sed alios quidem imperitia, alios vero occupatio quaedam a cognitione impediat. ...": CYRILL von Jerusalem, *De fide et symbolo*, 12 f., in: PG 33, 519 - 523.

47 Klaus SCHATZ, *Primat*, aaO, 19 ff.

48 Die Häretikertaufe gilt, wenn die Taufe im Namen des dreifaltigen Gottes erfolgt ist. Die Neuaufnahme erfolgt durch die bloße Handauflegung: DH, Nr. 123, 62.

49 Dieser Vorwurf, der von den Gnostikern auf die Christen übertragen wurde, spiegelt sich noch in der bekannten Stelle des *Diognetbriefes* Nr. 5 - 6, wo der Verfasser schreibt: „Auch haben sie ihr Lehre nicht durch eigenes Nachdenken und durch wissensdurstige Forschen gefunden." *Opera patrum apostolicorum*, hrgb. Franz X. FUNK, Bd. 2, Tübingen 1881, 317 ff.

(6) Den „apostolischen" Kirchen Antiochien, Ephesos, Thessalonich, Philippi, Korinth und eben Rom kam in dieser Entwicklung große Bedeutung zu. Rom brauchte sich hier aber, soweit ersichtlich, nicht besonders um einen Vorrang zu bemühen, der einfach gegeben erscheint. Nur Ephesos konnte mit zwei Apostelgräbern, denen der hll. Johannes und Philippus, konkurrieren, was auch im Osterfeststreit in die Kontroverse eingebracht wurde. Für die frühe Vorrangstellung Roms zur Zeit der Abfassung des Klemensbriefes wurde immer wieder ins Treffen geführt, daß bei den Spaltungen in Korinth nicht Ephesos, sondern ein fast unbekannter römischer Bischof, ja „Presbyter" intervenierte.[50] Dabei soll nicht verschwiegen werden, daß weltpolitische Ereignisse - nicht nur Ideelles, Symbolisches und Frömmigkeitsgeschichtliches - an der Entwicklung des kirchlichen Vorrangs Roms erheblichen Anteil hatten. Durch die Tatsache der späteren Reichsteilung in Ost und West und durch den damit gegebenen Umstand, daß die ewige Stadt im Westen (Italien, Hispanien, Gallien, Afrika) als einzige apostolische Kirche mit entsprechender Würde anerkannt war, und durch die Rolle Roms im Kampf um die Orthodoxie rückte das päpstliche Amt immer mehr in den Vordergrund, wie wir unten noch näher ausführen wollen.

(7) Dem Streit um den gemeinsamen Ostertermin lag letztlich doch das Ringen um die „Katholizität" zugrunde, das Viktor I. (+ 198) anders als noch Anicet I. (+ 166) durch die kalendarischen Differenzen bedroht sah.[51] Aber hier ein bloß „kalendarisches" Problem[52], d. h. im letzten eine formalistische Machtprobe zwischen Rom und dem Orient zu sehen, entspricht sicher nicht den belegbaren Tatsachen. Dies anzunehmen wäre eine anachronistische Vorwegnahme von Vorgängen der späteren Entfremdung von Orient und Okzident. Was den „Papst" zu einer auffallenden Vorgangsweise bewogen haben mag, kann sehr wohl auch sein Temperament, seine *Latinitas* und seine juridische Bildung gewesen sein, die Joachim Gnilka in seinem verdienstvollen Petrusbuch anführt. Gleichwohl wissen wir darüber nichts Gewisses. Erst Irenäus berichtet bei Eusebius über Papst Viktor.[53] Erst der *Liber ponti-*

---

50 „... zu einer Zeit, da Johannes und die unmittelbaren Schüler des heiligen Paulus noch lebten": Albert LANG, *Der Auftrag der Kirche (Fundamentaltheologie* II), München 1954, 139.

51 Joachim GNILKA, *Petrus*, aaO, 226 - 242.

52 „Es ist interessant zu sehen, daß eine Kalenderfrage die Kirche zu spalten drohte": Joachim GNILKA, *Petrus*, aaO, 228 - 234, 229.

53 EUSEBIUS von Caesarea, HE V, 23,1 bis 24, 1 ff.,

ficalis des 6. Jahrhunderts kennt den damaligen Bischof von Rom als „Afrikaner". Hieronymus erwähnte zwar seine heute nicht mehr erhaltenen lateinischen Schriften, wußte aber offensichtlich noch nichts von seiner afrikanischen Herkunft.[54] Nur das eine ist sicher, daß der damalige Bischof von Rom weit über seinen Diözesanbereich und seine „Provinz" hinaus wirken wollte und die „Patriarchate" Palästina und Alexandrien für seine Auffassung gewann. Er wollte zwar sein Exkommunikationsvorhaben wegen des Einspruchs des hl. Irenäus von Lyon (+ um 200) nicht wahrmachen, aber die geäußerte Absicht signalisiert bereits eine beachtliche Entfaltung des Primatsgedankens im Sinne unseres Themas. Jean Daniélou formulierte das so:

> In kirchlicher Hinsicht erscheint Rom nicht bloß als Vertreterin einer der verschiedenen von den Aposteln vererbten Traditionen. Oder vielmehr: sie verkörpert sehr wohl eine dieser Traditionen, nämlich diejenige des Petrus. Aber diese Tradition erscheint mit besonderer Autorität ausgestattet.[55]

Eigentlich exkommuniziert wurden die Quartodezimaner erst auf dem Konzil von Nizäa (325), nachdem sich ihnen die Novatianer angeschlossen hatten.[56]

(8) Als eigentlichen Grund für die pointiertere Besinnung auf den Primatsgedanken lassen sich weder antiorientalische Affekte noch okzidentale Machtgelüste erweisen, vielmehr dürften es die diversen Gnostiker, Marcionisten, Montanisten, Ebioniten, Monarchianer[57] und judenchristlich geprägter Theologien gewesen sein, die ihn bedrängten. Rom war gegen Ende des 2. Jahrhunderts ein kosmopolitisches Zentrum kleinasiatischer Einflüsse und ein Babylon wilder Heterodoxien geworden. Auch die „Quartodezimaner" hatten sich in Rom seßhaft gemacht, d. h. jene, die Ostern nach einem möglicherweise apostolischen Brauch am 14. Nisan feierten, dem Tag, da die Juden ihr Osterlamm schlachteten. Der Umstand, daß sich in der Szene des

---

54 Theodor SCHIEFFER, Art. „Victor I.", in: LThK 10 (1965), 768. *Liber Pontificalis*, ed. Louis DUCHESNE I, Paris, Zweite Aufl. 1907. HIERONYMUS, *De viris illustribus*, 34: „quaedam scribens opuscula ... de quaestione paschali", in: PL 23, 649.

55 Jean DANIÉLOU, *Von der Gründung der Kirche bis zu Gregor dem Großen*, in: Geschichte der Kirche, hrgb. L. J. ROGIER etc., I, Einsiedeln etc. 1963, 130.

56 Karl BAUS, *Ostern und der Osterfeststreit*, in: HKG I (1985), 309 - 315, 311.

57 Gnostiker: Marcellina, Valentin, Kerdon, Blaston, Florinus: Carl MIRBT/Kurt ALAND, *Quellen*, aaO, Nr. 70 - 80, 27 - 31.

heterodoxen Roms einiges verschärft hatte, ließ offensichtlich einen „Papst" erforderlich erscheinen, der zur Ziehung klarer Trennungslinien fähig war. Dabei sollte man nicht abfällig sagen, der Viktor I. habe den Sack geschlagen, aber den Esel gemeint, wie es fallweise herauskommt.

(9) Der uneinheitliche Ostertermin wurde allerdings schon zu Beginn des Jahrhunderts als Schwierigkeit erörtert. Das Problem trug dann der hl. Polykarp von Smyrna (+ um 155) dem Papst Anicet (+ 166) in Rom vor, der sich seinerseits auf die alternative Tradition seiner „Presbyter" berief. 35 Jahre später erschien der liturgische „Pluralismus" nicht mehr tunlich und es kam in dieser Frage fast zu einem ernsthaften Bruch. In Ost und West wurden um 195 Synoden zur Klärung der Frage gehalten, Jerusalem und Alexandrien stimmten, wie gesagt, mit einer beachtlichen Mehrheit für den römischen Termin, aber der Bischof Polykrates von Ephesos verwies als Sprecher der kleinasiatischen Bischöfe gleichfalls auf eine alte Vätertradition und ihre zwei Apostelgräber.

Der Streit um den Ostertermin war weniger Lappalie, als man heute meinen könnte, schon gar nicht eine bloße „Kalenderquerele". Es ging wirklich um die Einheit der beiden „Lungenflügel" der Ökumene angesichts beachtlicher Sektenprobleme, nebenbei auch um den Stellenwert jüdischer Spiritualität, judenchristlicher Theologie und jüdischen Zeremoniells in der nun mehrheitlich immer mehr von Heidenchristen getragenen Kirche. Die Forderung der Quartodezimaner, sozusagen am „Karfreitag" die Ostereucharistie zu feiern, erinnert ein wenig an Gemeinschaften der Reformation, wenn sie dem Gedächtnis des Kreuzestodes den Vorzug gegenüber der Auferstehung gaben.

(10) Immer mehr häuften sich die Heterodoxen, die nach Rom gingen, um eine Billigung ihrer Lehren zu finden. Die Kirche, vor allem zuerst Irenäus von Lyon, reagierte mit der Betonung des Sukzessionsprinzips, wie wir eingangs gesehen haben. Dazu wurde die Idee von stellvertretenden apostolischen Autorität hervorgekehrt. In diesem Zusammenhang steht bei Irenäus die berühmte Stelle aus *Adversus haereses* III, 3, 2, die leider nicht mehr im griechischen Urtext, sondern in einem nicht völlig eindeutigen Latein überliefert ist. Sie besagt:

> Denn mit *dieser* Kirche muß wegen ihres besonderen Vorrangs (*propter potentiorem principalitatem)* jede andere Kirche übereinstimmen (*omnem convenire ecclesiam):* das sind die Gläubigen, die von überall her kommen <d. h. „die Gläubigen ringsum": Norbert Brox>: Die von den Aposteln stammende Tradition ist in ihr immer bewahrt

worden (*conservata est ea, quae est ab apostolis traditio*) von denen, die von überall kommen.[58]

(11) Der „Vorrang" des römischen Bischofs könnte hier als „Kontrollfunktion für Ankömmlinge" gedeutet werden. Wahrscheinlich war das aber noch nicht der Fall. Vielmehr fordert Irenäus nur die Konsenssuche der „Ankömmlinge". Bei Norbert Brox sind es in Anlehnung an die Thesen von Johannes B. Bauer die Gläubigen der „Region".[59] Auf alle Fälle gebietet Würde und Vorrang Roms, daß die Teilkirchen mit der „Mutterkirche" in der rein gehaltenen Glaubenstradition übereinstimmen. Rom ist bei Irenäus durch einen Vorrang (*principalitas*) ausgestattet, der nicht erlaubt, es beliebig durch die anderen apostolischen Kirchen zu ersetzen. Irenäus, Hegesipp und Tertullian (200) „werden hymnisch, wenn sie im Vergleich auf Rom zu sprechen kommen"[60].

---

58 „Ad hanc enim ecclesiam, propter potentiorem principalitatem, necesse est omnem convenire ecclesiam, - hoc est eos qui sunt undique fideles, - in qua semper, ab his qui sunt undique, conseruata est ea quae est ab apostolis traditio": IRENAEUS, *Adversus haereses* III, 3, 2, in: SC 34, 102; Carl MIRBT- Kurt ALAND, *Quellen zur Geschichte des Papsttums und des Römischen Katholizismus*, Sechste Aufl., I, Tübingen 1967, Nr. 85, 33. Nobert BROX (Hrgb.), in: FC 8/3 (1995), 31.

59 S. oben Anm. 46. Johannes B. BAUER, *Das Verständnis der Tradition in der Patristik*, in: Kairos 20 (1078), 193 - 208.

60 Nach Klaus SCHATZ, *Primat*, aaO, 23 bedeutet „convenire" wahrscheinlich eine *a priori-Übereinstimmung*, weil bei apostolischen Kirchen eine Selbstverständlichkeit. Karl BAUS, in: HKG I, 400, Anm. 63: Vorschlag B. BOTTE, in: Irenikon 30 (1957), 156 - 163: „conservare": „bewahren vor denen, die überall sind" (d. i. Gnostiker). Der Autor weist aber mit Entschiedenheit darauf, daß Irenäus nie die Gnostiker als „Kirche" bezeichnen würde.

VIERTES KAPITEL

Kirchenbuße und Ketzertaufe.

(1) Wie schon im Osterfeststreit (195) bereits ein gesamtkirchlicher Anspruch Viktors I., des Bischofs von Rom, in Angelegenheiten der gemeinsamen liturgischen Tradition und Disziplin sichtbar wurde, sich dieser dabei aber erst langfristig mit seiner Linie durchsetzte, so verhielt es sich auch im sgn. „Ketzertaufstreit" (255/256). An der Oberfläche war der Streit eine Sache der Kirchenzucht. Dabei ging es um eine rigorosere oder weniger strenge Vorgangsweise gegen Christen (sgn. *lapsi*), die in der Verfolgung ihrem Glauben abgeschworen hatten. Das dogmatisch bedeutsame Dilemma der Kirchenlehre aber, das dem Streit zugrunde lag, war das Verständnis von „Heiligkeit" der Kirche. Sollten sich unter Christen die Montanisten Kleinasiens mit ihrem sektenhaften Rigorismus durchsetzen? Sollte die Kirche eine Gemeinschaft der „Reinen" sein im Sinne des zum Montanismus neigenden Tertullian (+ um 220) oder müßten in ihr auch die Büßer mit allen Konsequenzen Platz finden?

(2) Ausgerechnet Tertullian, der vom hl. Cyprian bewunderte Gewährsmann, ist meines Wissen der erste, bei dem die Formel „Bischof der Bischöfe" (*episcopus episcoporum*) einige Male überliefert ist, sowohl vor seinem Übertritt zum Montanismus (in *De praescriptionibus adversus haereticos* vor 208 der Sache nach) als auch nachher unter Kalixt I. (217 - 222) in *De pudicitia*[61]. Zuerst spricht er von Petrus als „universalis ecclesiae pastor universalis et apostolus"[62]. Das bedeutet sicher sehr viel für die Stellung des römischen Bischofs, weil Tertullian mindest so intensiv vom Sukzessionsgedanken erfüllt war wie sein älterer Zeitgenosse Irenäus.

(3) Tertullian wirft allerdings in seiner montanistischen Zeit Papst Kalixt I. (+222) vor, der auch die bekannten Schwierigkeiten mit dem

---

[61] Ich verdanke diese Hinweise, die bei Tertullian meist unerwähnt bleiben, Professor Dr. Wolfgang WALDSTEIN, *Untersuchungen zum römischen Begnadigungsrecht. Abolitio-Indulgentia-Venia*, Innsbruck 1964, 147 - 151. (=Commentationes Oenipontanae 18, hrgb. Karl JAX, Robert MUTH). TERTULLIAN, *De pudicitia*, in: PL 2, 982.

[62] TERTULLIAN, *De praescriptionibus*, in: PL 2, 9.

hl. Hippolyt (+ 236) von Rom hatte, er öffne durch eine falschverstandene Freizügigkeit (*liberalitas*) der Ausschweifung (*libido*) Tür und Tor. Die Kirche sei dann weder „Jungfrau" noch „Braut". Denn der Papst, den er in seiner „Oberbischofwürde" als „Pontifex maximus" anspricht, habe öffentlich verlauten lassen, daß er auch die Vergehen des Ehebruchs und der Unzucht denen vergeben werde, die Buße tun.[63] Die Titulierung des Papstes könnte hier durchaus ironisch gemeint sein, vor allem die des „Pontifex maximus", die ja damals noch eindeutig dem Kaiser vorbehalten war. Wahrscheinlich ist sie polemisch zu verstehen. Die Übertreibung soll verdeutlichen, daß eine Kirche, die von einem solchen „Oberpriester" und „Episcopus Episcoporum" angeführt sei, nicht mehr die wahre Kirche Jesu Christi sein könne, daher die Abspaltung rechtfertige. Trotzdem ist die Stelle aber ein gutes Zeugnis für den Bewußtseinsstand des beginnenden zweiten Jahrhunderts. Wenn Tertullian die Stellung des römischen Bischofs absichtlich überzeichnete, dann wollte er doch von seinen zeitgenössischen Lesern verstanden werden, selbst wenn für ihn Rom nur eine von mehreren verläßlichen „apostolischen Kirchen" gewesen wäre.

(4) Zur Zeit der Verfolgungen des Kaisers Decius um 250 war es über der Frage der „Ketzertaufe" zum Schisma in Rom gekommen. Die Ausdehnung des noch in den Tagen der Apostel elitären und begehrenswerten römischen Bürgerrechts wurde auf alle Reichsbewohner ausgedehnt. Das bedeutete eine Erleichterung für viele Christen. Der Zuwachs bis zu 10% der Gesamtbevölkerung brachte für die Kirche notgedrungen schon Probleme einer „Volkskirche" mit sich. Andererseits wurden in der Sicht nicht nur der heidnischen Gesellschaft die Christen bereits allgegenwärtig und daher als Gefahr empfunden. Deshalb steigerte sich im nächsten halben Jahrhundert der Verfolgungsdruck beträchtlich. Der römische Priester Novatian (+ 257/258) hatte noch vehement die rigorose Disziplin der kirchlichen Heldenzeit gegenüber den „Abgefallenen" (*lapsi*) gefordert. Der Papst Cornelius (+253) befürwortete dagegen angesichts der geänderten Verhältnisse die Wiederaufnahme der gefallenen Christen und damit eine mildere Bußdisziplin mit Versöhnungsmöglichkeit für Glaubensabfall, dazu auch für Mord und Ehebruch. Dieser altkirchliche Bußstreit bezeichnet einen Scheideweg in der Entwicklung der Gesamtkirche. Die

---

[63] „Audio etiam edictum esse propositum, et quidem peremptorium (980), Pontifex scilicet maximus, quod est Episcopus Episcoporum, edicit: ‚Ego et moechia et fornicationis delicta, poenitentia functis dimitto' (981)": *De pudicitia*, c. 1. in: PL 2, 979 - 982. Das sei ein schlechtes „Edikt", weil es einen Freibrief für die „libido" ausstelle.

etwas milder eingestellten Römer lehnten jede wie immer geartete Wiedertaufe ab und kannten nur die σφραγίς *(sphragís)*, das „Siegel" der Handauflegung bei der Wiederaufnahme. Der fast zwei Jahrhunderte überlebende „Novatianismus" war zunächst ein bloßes Schisma ohne oberflächlich ersichtliche dogmatische Implikationen.

(5) Cyprian gebraucht den Begriff „primatus" wiederholt in seiner Schrift gegen Novatian, indem er den Schismatikern vorwirft, sie spalteten die Kirche „primatus amore"[64], d. h., sie wollte ihre eigenen Bischöfe bzw. „Päpste" sein. Er bekämpfte die mit dem Rigorismus verbundenen Spaltungstendenzen, auch wenn er selbst die rigorose Praxis befürwortete. Cyprian hatte mit großer Klarheit das Einheitscharisma des Bischofsamtes erkannt, dessen Ursprung er wiederum in Petrus erblickte. Nach einem unbekannten Autor habe Cyprian trotz seines Streites mit Papst Stephan die römische Kirche als die „mater et magistra" aller anderen Kirchen bezeichnet.[65] Das bewahrte ihn vor dem Schicksal des Sektierertums Tertullians. Daher hat der Afrikaner Augustin den Donatisten seiner Zeit vorgehalten, sie könnten sich nicht rechtmäßig auf Cyprian berufen. Dieser konnte aber noch nicht erfassen, was Augustins Denkleistung erbrachte, daß nämlich die mildere Auffassung Roms im Ketzertaufstreit etwas mit der rechtgläubigeren Sicht der Sakramente zu tun hatte, wie wir unten abschließend (9 - 12) zusammenfassen werden. D. h., maßgeblich war, ob man die Sakramente als objektiv wirksame Heilszeichen und vor allem die Bußdisziplin in ihrer ekklesialen Einbindung, d. h. nicht individualistisch und privat, sondern öffentlich, eben „sakramental" verstand. Wenn Christus und damit sein gesamter „mystische Leib" - mit seinen „Bekennern, Jungfrauen und Märtyrern" - der eigentliche Spender der Sakramente ist, dann werden die individuellen Spender und Empfänger zwar nicht unerheblich, aber zweitrangig.

(6) Afrika unterschied sich in seiner Praxis vom Rom des Papstes Cornelius (+ 253). Der Papst erfuhr Unterstützung, aber auch den heftigen Widerstand vom hl. Cyprian von Karthago (+ 258), der andererseits wieder prominenter Befürworter eines päpstlichen Vorrangs war. Diese Zwiespältigkeit der „Afrikaner" sollte man nicht als Argument gegen die Akzeptanz des Petrusamtes verwenden. Vielmehr müßte man das positiv über das Petrusamt Ausgesagte dankbar annehmen, das keineswegs den Aussagen über die bischöfliche Eigenverantwor-

---

[64] Dreimal: CYPRIAN, *Epist. de baptismate haereticorum*, 6, in: PL 3, 1144.

[65] N. N., *De auctoritate pontificia*, in: *Appendix ad vitam S. Stephani ...*, IV, in: PL 3, 1299.

tung so radikal widerspricht, wie es häufig dargestellt wird. In seiner Schrift über die „Einheit der Kirche"[66] entwickelt Cyprian eine erstaunliche Primatstheorie: Petrus sei als dem ersten Papst die Gnadengabe des Einheitscharismas vom Herrn übertragen worden. Von diesem Charisma lebe der Einheitsauftrag des gesamten Episkopats: „... ab uno incipientem ... et primatus Petro datur, ut una Christi ecclesia et cathedra una monstretur"[67]. Die Primatsstelle Mt 16,18 ff. ist für Cyprian "Rechtsgrund für jede bischöfliche Gewalt" und „Stiftungsurkunde für den monarchischen Episkopat" (Epist. 33,1).[68] Von der Kathedra Petri und seiner „Hauptkirche" stamme die priesterliche Einheit.[69] Er nennt die römische Kirche die „Mutter und Wurzel" der Gesamtkirche.[70] D. h., so besehen, wäre Karthago eine „Tochterkirche", nämlich eine „Filiale", der römischen Kirche. Es ist bemerkenswert für die Konstanz der afrikanischen Primatslehre, wie 150 Jahre später der größte „Afrikaner", nämlich der hl. Augustin, im eingangs Anm. 1 zitierten s. 295 die Auffassung Cyprians vom universalen Amt der Einheit weiterführt: Die „Einheit der Kirche" habe in der Person Petri die Schlüssel empfangen. Petrus sei gepriesen worden, weil er das Vorbild der „universitas" und „unitas" der Kirche geworden sei und ihre umfassende Katholizität und Einheit verkörpere.

(7) Bei der konkreten Anerkennung eines Leitungsprimats finden sich allerdings bei Cyprian dem Anschein nach widersprechende Stellungnahmen: Er widersetzt sich der päpstlichen Wiedereinsetzung zweier „gefallener" Bischöfe in Spanien[71], weil die nachsichtige Vorgangsweise seiner Auffassung von Bußdisziplin nicht gemäß sei. Andererseits fordert er den Papst Stephan I. 255 auf, in Arles den Novatianer Marcianus abzusetzen, zu exkommunizieren und durch einen anderen Oberhirten zu ersetzen, um dessen Namen gebeten wurde.[72]

---

[66] Cyprian, *De unitate ecclesiae*, c. 4, in: PL 4, 498 f., 50O f.

[67] Siebenmal: „...exordium ab unitate profiscitur, et Primatus Petro datur, ut una Christi ...": Cyprian, *De unitate ecclesiae*, in: PL 4, 497. Ebd. 498, 500. *Epist.*, in: PL 4, 410.

[68] Berthold Altaner, Alfred Stuiber, *Patrologie*, aaO, 179 und 175.

[69] „... Petri cathedra atque ecclesia principalis, unde unitas sacerdotalis exorta est": Cyprian, Epist. 59,14, in: PL 3, 789, bei Berthold Altaner, Alfred Stuiber, *Patrologie*, aaO, 179 wird „ecclesia principalis" mit „Urkirche" übersetzt, wie 175 „primatus Petro datur" (Ep 71,3, in: PL 4, 410: *De unitate ecclesiae*, in: PL 4, 498 - 500) danach nur für den zeitlichen Vorrang steht.

[70] „Ecclesiae catholicae matricem et radicem": Cyprian, *Epist.* 48,3, in: PL 3, 710; „...ad veritatem et matricem redeat ...": *Epist.* 71,2, in: PL 3, 1105 ff.

[71] Cyprian, *Epist.* 67,5, in: PL 4, 400 ff.

[72] Cyprian, *Epist.* 68, in: PL 3, 990 ff. Klaus Schatz, *Primat*, aaO, 33.

(8) Die vermeintlich „widersprüchliche" Haltung Cyprians ist mit einem beachtlichen Verantwortungsgefühl für die Einheit der *Catholica* verbunden. Nur anerkannte er im wesentlichen den zeitlichen und sicher auch hierarchischen Vorrang (die *principalitas*) des Papstes eher programmatisch und grundsätzlich als praktisch. Das läßt sich unschwer erklären. Es ist allgemein bekannt, daß Cyprian trotz seines wichtigen Schrifttums kein konstruktiver Theologe, sondern ein begabter Hirte war. Daher ist von ihm eine systematische Behandlung des Themas nicht zu erwarten, die er weder leisten konnte noch wollte. Daher scheint mir die Fragestellung bereits müßig, ja eigentlich anachronistisch, ob Cyprian nur einen „päpstlichen Ehrenvorrang" oder bereits den „Jurisdiktionsprimat" kennt. Zum Verständnis der strengen Stellungnahmen des Bischofs von Karthago ist die Märtyrermentalität, der Konvertitengeist und die selbstbewußte Tradition der afrikanischen Bußdisziplin zu beachten. Cyprian hatte den ganzen Tertullian gründlich studiert.[73] Dieser Linie vermochte die Gesamtkirche auch aus dogmatischen Gründen, wie wir gesehen haben, nicht auf die Dauer zu folgen.

(9) Cyprian hat seinen Satz, außerhalb der Kirche gebe es kein Heil („Salus extra ecclesiam non est: *Epist.* 73, 21 ... Extra ecclesiam nulla salus!")[74] als Leitidee seiner Schrift über die „Einheit der Kirche"[75] in dem Sinn verstanden, daß getrennte Christen, namentlich die rigoristischen Novatianer, keinen Geistbesitz hätten und daher auch nicht den Geist durch Sakramentenspendung weitergeben könnten. Denn die Gültigkeit der Taufe stünde auf dem Spiel. Damit begründete er seine radikale Position gegenüber dem Papst im Ketzertaufstreit. Für die schon seit 1Petr 3,20 bestehende Tradition der einzigartigen Heilsnotwendigkeit der Kirche diente das Vorbild der Arche Noah als Sinnbild für Taufe und Errettung aus der allgemeinen Flut.[76] Papst Stephan (+ 257) verzichtete auf ausgeklügelte Begründungen und argumentier-

---

[73] Berthold ALTANER, Alfred STUIBER, *Patrologie*, aaO, 173. „... numquam Cyprianum absque Tertulliani lectione unum diem praeterisse, ac sibi crebro dicere: Da magistrum: Tertullianum quidem significans": HIERONYMUS, *De viris illustribus*, c. 53, in: PL 23, 661 ff.

[74] „... salus extra Ecclesiam...": CYPRIAN, *Epist. de baptismate haereticorum* 21, in: PL 3, 1123. Berthold ALTANER, Alfred STUIBER, *Patrologie*, aaO, 179. *Epist.* 73, 21, in: PL 3, 1123. Es ist „also nicht richtig, die Wahrheit noch weiter bei anderen zu suchen, während sie doch mühelos bei der Kirche zu bekommen ist": IRENÄUS, *Adversus haereses* III, 4,1, in: PL 7, 855. Norbert BROX (Hrgb.), in: FC 8/3, 38 f.

[75] CYPRIAN, *De unitate ecclesiae* 6, in: CSEL 3/1, 214 f.

[76] J. BEUMER, Art. „Extra ecclesiam nulla salus", in: LThK 3 (1959), 1320 f.

te mit dem milderen römischen Brauch, den man nicht aufgeben sollte: „Nihil innovetur, nisi quod traditum est."[77] Cyprian belehrte ihn, daß die *ratio* als Argument höher bewertet werden müsse als der Verweis auf eine noch so ehrwürdige Tradition.

(10) Es gehört zur Ironie der Geschichte, daß in diesem Zusammenhang aus der Feder eines kleinasiatischen Anhängers von Cyprian, erstmals schriftlich belegt, auch mit Mt 16,18 argumentiert wurde. Der hl. Firmilian von Caesarea in Kappadozien (+ 320) war ein Verehrer des Origenes (+ 254), unterstützte Cyprian und sah in der Akzeptanz der Ketzertaufe durch die Praxis des Papstes auch einen Verstoß gegen Mt 16,18. Denn an dieser Stelle sei von dem „einen" Felsen die Rede. Der Papst lasse aber „mehrere Felsen" gelten, indem er sich gegen das strenge Prinzip der kirchlichen Einheit verfehle. Klaus Schatz hat darauf verwiesen, daß sich Cyprian trotz der Schärfe des Streites auffallend defensiv verhalten habe, obwohl Stephan dessen Gesandten nicht einmal mehr empfangen oder gar zur Eucharistie zugelassen hatte.[78]

(11) Die Römer standen oft, nicht direkt beteiligt, den dogmatischen Streitigkeiten des Ostens als aufmerksame Zuschauer gegenüber. Aber der „Ketzertaufstreit" zeigt besonders eindringlich, daß sich langfristig, wenn auch mit Modifikationen, der römische Standpunkt durchsetzte und mit gutem Recht der Eindruck entstand, die *cathedra Petri* sei gegenüber dogmatischen Irrtümern gefeit. Ihr Urteil war bisweilen nicht ganz glücklich, wenn sie sich die komplizierten Gedankengänge der „Griechen" nicht völlig zu eigen machen konnten. Aber zu ihrer Distanz in der theologischen Auseinandersetzung kam ein gewisser praktischer Sinn. Das machte sie für Häresien nicht so anfällig wie die spekulierfreudigen Orientalen.[79] So sagte man Irenäus nicht ganz zu

---

77 Gegen Papst Stephan: Cyprian Epist. 73, *De baptismate haereticorum*, in: PL 3, 2229. Klaus Schatz, *Primat*, aaO, 26, 29 f.

78 Klaus SCHATZ, *Primat*, aaO, 27.

79 Rom hielt sich in den christologischen Streitigkeiten des Ostens zeitweise auffällig distanziert und fand sich bald in der Rolle des Züngleins an der der Waage. Polemiker und Satiriker sagten noch im Mittelalter, die Römer hätten deshalb keine Häresien hervorgebracht, weil sie zu wenig nachgedacht hätten: „Nimia negligentia investigandae fidei": ANSELM VON HAVELBERG, *Dialogi* III, 11, in: PL 188, 1223 f., zit. bei Klaus SCHATZ, *Primat*, aaO, 30. ERASMUS machte dagegen ähnlich die Neigung zur „Philosophie" (nicht zur *philosophia Christi*) bei den „Griechen" für deren Zerrissenheit in den dogmatischen Streitigkeiten verantwortlich. „Nam quod hodie pauciores sunt haereses, id, si verum fateri volumus, magis debemus fasciculis quam syllogismis": *Exordium* der *Methodus*, Studienausgabe, hrgb. Werner WELZIG, Darmstadt 1967, Bd. 3 (hrgb. Gerhard B. WINKLER), 76 f.

Unrecht die Formel nach: „Romana ecclesia numquam erravit!" (Vgl. Adv. Haer. III, 4,1) Auch der Streit um die Zugehörigkeit des Hebräerbriefs zum Kanon der neutestamentlichen Schriften war von der Bußproblematik überschattet. Hier setzte sich auch paradoxer Weise die mildere Bewertung durch. Die Vertreter der Ostkirche nahmen an der scharfen Formulierung von Hebr 6,4-7 (über die Einmaligkeit der Taufe, über Rückfall und Wiederaufnahme) ohnedies keinen Anstoß.[80] Rom mußte jedoch zunächst die Autorität des „kanonischen" Hebräerbriefs als Keule der Rigoristen fürchten, bis es dessen Kanonizität ohne Bedenken anerkennen konnte.

(12) Ausgerechnet dem Afrikaner Augustin (+ 430) sollte es vorbehalten sein, den Streit in der Auseinandersetzung mit den afrikanischen Anhängern des großen Rigoristen Tertullian im Sinne der Großkirche zu entscheiden. Dogmatisch lag dem Streit letztlich die Frage von der Gültigkeit der Sakramente zugrunde, wie wir schon gesehen haben, d. h. die Frage, ob die Sakramente, die von den *lapsi* und Schismatikern gespendet worden waren, von der Kirche anerkannt werden könnten oder nicht? Daraus folgte die Frage nach dem eigentlichen Spender der Sakramente. Die Rigoristen forderten den aktuellen Geistbesitz des Spenders für die Gültigkeit und bestanden daher auf Wiedertaufe. Die Donatisten bauten später zur Zeit Augustins diese Doktrin aus: Ohne die Würdigkeit des Spenders gäbe es keine Gültigkeit. Augustin entschied sich für die Objektivität der Sakramentenwirksamkeit gegenüber dem Subjektivismus der Donatisten und deren Vorgänger, der eigentliche Täufer sei Christus! ("Baptizat Christus, baptizat et Joannes ... Non Paulus, non Apollo, sed Christus baptizat!" schrieb er, sich auf Paulus 1Kor 3, 4 ff., 22 berufend).[81] In dieser für die Ekklesiologie wie für die Sakramentenlehre äußerst wichtigen Frage konnte nun Augustin im 4./5.Jahrhundert der päpstlichen Linie der Ära vor Konstantin zum Durchbruch verhelfen und die entsprechende theologische Begründung nachliefern, welche die Päpste zur Zeit Cyprians nicht bieten konnten. Dabei ist ein innerer Zusammenhang zwischen der Entwicklung der Sakramentenlehre, der Bußdisziplin und der Lehre vom Petrusamt unverkennbar. Immerhin wurden Petrus die

---

80 „Unmöglich können jene, die einmal erleuchtet, auch die himmlische Gabe genossen, auch teilhaftig geworden sind des Heiligen Geistes, ja das gute Wort Gottes verkostet, die Kräfte der künftigen Welt, und gefallen sind, wieder erneuert werden zur Buße, indem sie den Sohn Gottes abermals für sich kreuzigen und zur Schau stellen." (Hebr 6,4-7)

81 AUGUSTIN, *Sermones de Sanctis* 273, c. 1, in: PL 38, 1331; AUGUSTIN, *Contra Litteras Petiliani*, c. 49, in: PL 43, 378.

Schlüssel der Vergebung anvertraut (Mt 16,19). Immer deutlicher wurde die schon bei Ignatius von Antiochien zu findende Auffassung, daß die kirchlichen Heilszeichen „in persona Christi" wirken. Daß mußte seinerseits Rückwirkungen auf Spiritualität und Selbstverständnis der Amtsträger haben.

FÜNFTES KAPITEL

Die altkirchliche Triarchie der Patriarchate (Antiochien, Rom und Alexandrien) und die petrinische Idee.

(1) Im Laufe des 3. Jahrhunderts entwickelten die drei „petrinischen" Hauptkirchen eine führende Stellung in der Christenheit, eine „Triarchie", der die späteren apostolischen Patriarchate als „Schaltstellen" der ökumenischen *Communio* entsprachen, wie sie in die Gesetzgebung von can. 6 und 7 des Konzils von Nizäa (325) eingehen sollten.[82] In Nizäa wurde auch der Ehrenvorrang der altehrwürdigen „Aelia" (d. h. von Jerusalem) besonders hervorgehoben, dazu die Bedeutung der Provinzhauptstädte als sgn. „Eparchien": wie Karthago für die römische Provinz „Afrika", Korinth für Archaia und Ephesus bzw. Smyrna für Asien und Lyon für die drei gallischen Provinzen, Arles nach Trier im 4. Jahrhundert als kaiserliche Residenz für Britannien, Gallien und Spanien. Die künftigen Patriarchate standen dem Rang nach und in der hirtenamtlichen Autorität über den „Eparchien". „Apostolische" Kirchen im engeren Sinn wie etwa Korinth und Ephesus waren allerdings auch nur Eparchien.

(2) Diese „Katholizität" wurde auf verschiedene Weise gepflegt. Da waren zunächst die lokalen Synoden, auf denen die Bischöfe einer Provinz im Bewußtsein ihrer apostolischen Sendung Entscheidungen über Disziplin und Lehre trafen. Die Sprecher dieser Versammlungen (wie eben der Bischof von Karthago) versuchten nun die nachbarlichen Bischöfe auch wiederum zur Anerkennung ihrer Beschlüsse zu gewinnen. In diesem Vorgang gewann auch Rom immer mehr in dem Maße an Gewicht, als die Anerkennung durch den Stuhl Petri gesucht wurde. So bekam Regionalbeschlüsse der Christenheit universalen Charakter.

---

[82] Dokumentenanhang VIII: „Die Kanones des Konzils von Nizäa": Ignatio ORTIZ DE URBINA, *Nizäa und Konstantinopel*, in: Gervais DUMEIGE-Heinrich BACHT, aaO, Bd. 1, 290. Zur „petrinischen" Triarchie mit der Kirche des Petrusschülers Markus vgl. Joseph Cardinal RATZINGER, *Zur Gemeinschaft gerufen. Kirche heute verstehen*, Freiburg/Br. 1991, 65; nach EUSEBIUS von Cäsarea, HE II, 16, 1 und 24,1, aaO, 132 und 145: „Im achten Jahr der Regierung Neros übernahm Annianus als erster nach dem Evangelisten Markus die Leitung der Kirche in Alexandrien."

(3) Immer häufiger wurden Bischofswahlen den Nachbarn angezeigt. Die Bischöfe führten Listen von Bischöfen, mit denen sie Gemeinschaft pflegten, wie etwa noch das berühmte „Verbrüderungsbuch" des hl. Virgil (+ 784) von Salzburg belegt.[83] Die Bischöfe stellten „Kommunion- und Friedensbriefe" aus. Durch diese wurde der Inhaber berechtigt, an der Eucharistie und der organisierten Fremdenbetreuung, der kirchlichen Gastfreundschaft („ξενοδοχία ... Xenodochie"), teilzuhaben. Diese Eucharistiegemeinschaft wurde, wie wir oben im Ketzertaufstreit gesehen haben, im Konfliktsfall gelegentlich auch verweigert.

(4) Die römische Gemeinde hatte sich nach 250 mächtig entwickelt. Jeder zwanzigste Römer war ein Christ. Es gab 50 Priester.[84] Die Fürsorge für ärmere Kirchen war vorbildlich. Rom war zwischen Karthago, Arles, Lyon und Spanien obendrein zum Zentrum einer lateinischen Kirche geworden, in der sich auch die lateinische Sprache immer mehr gegenüber der „κοινῆ ... koine" des Griechischen durchsetzte. Die Forderung des hl. Irenäus, daß jede Ortskirche mit der Kirche des Petrus und Paulus übereinstimmen müsse („omnem convenire ecclesiam"[85]), wurde immer wörtlicher genommen, obwohl sich für den Mythos der *Roma aeterna* angesichts der beständigen Gefahr einer Verfolgung kaum sehr viel Verständnis und Muße fand. Noch immer war für die Christen eigentlich nur die Würde des Apostelsitzes und die Anwesenheit der Apostelgräber das, was überzeugte.

(5) Cyprians Mischung von Anerkennung des „besonderen" römischen Vorrangs (der „potentior principalitas" des hl. Irenäus) und freimütige Kritik an päpstlichen Maßnahmen braucht, wie wir oben zeigten, nicht als innerer Widerspruch angesehen zu werden. Vielmehr spiegeln sich in den Briefen des Bischofs von Karthago die beiden Prinzipien geradezu in ergänzendem Antagonismus, die petrinische „Schlüsselgewalt" nach Mt 16,18 und die allgemein an alle Apostel gerichtete „Binde- und Lösegewalt" von Mt 18,18. Cyprian dürfte für den glaubensmäßigen Bewußtseinsstand des dritten Jahrhunderts repräsentativ gewesen sein.

---

[83] VIRGIL von Salzburg, *Verbrüderungsbuch* von St. Peter, Salzburg, Cod. Hs. A 1, Stiftsarchiv der Erzabtei St. Peter.

[84] Klaus SCHATZ, *Primat*, aaO, 32 ff.

[85] Irenaeus, *Adversus haereses* III, 3, 2, in: SC 34, 102; Carl MIRBT- Kurt ALAND, *Quellen zur Geschichte des Papsttums und des Römischen Katholizismus*, Sechste Aufl., I, Tübingen 1967, Nr. 85, 33. Nobert BROX (Hrgb.), in: FC 8/3 (1995), 31.

(6) Das System funktionierte zunächst auf dem Prinzip weitgehender Gleichberechtigung. Nun stritt man aber auch. Man schloß sich gegenseitig aus. Die Menschen fragten sich mit Recht, auf welcher Seite etwa im Fall der Exkommunikation des hl. Athanasius (+ 373) die wahre Kirche stand. Das führte früh zu einer Krise des synodalen Weges der Einheitssicherung, dessen Ausschließlichkeit sich offensichtlich nicht bewährt hatte. Denn es waren wiederholt genau Synoden, die Spaltungen verursachten. Es ergab sich der groteske Fall, daß sich Partikularsynoden (wenn man will „Räubersynoden") gegen die Entscheidungen der „Universalsynode" wandten. Dieser Umstand war durch die arianischen Streitigkeiten krisenhaft deutlich geworden. Da erinnerte man sich des apostolischen und schon durch Ignatius von Antiochien[86] formulierten frühkirchlichen Katholizitätsprinzips. Im Konfliktsfall entscheidet die Kirche des Erdkreises gegenüber Lehräußerungen der Regional- und Ortskirchen.

(7) Immer mehr klärte sich das Bewußtsein ab, daß bindende Entscheidungen vor allem in Glaubensfällen nicht ohne die Gesamtheit der „apostolischen" Kirchen möglich sind. So bekam die oberste Ebene der zunächst drei „Patriarchen", deren erster Sprecher („princeps") der römische war, im Laufe des 3. Jahrhunderts wachsende Bedeutung für die Gesamtkirche.

[86] Wo der Bischof aufscheint, dort sei Jesus Christus, dort „καθολικὴ ἐκκλεσία ... katholike ecclesia": Brief an die Gemeinde von Smyrna 8, 2, in: Karl BIEHLMEYER (hrgb.), *Apostolische Väter*, Tübingen 1924, 82 -113. Carl MIRBT/ Kurt ALAND, *Quellen*, aaO, Nr. 38, 17.

SECHSTES KAPITEL

Die Petrustradition nach der Konstantinischen Wende. Zwischen Reichskirche, Regionalismus und „Dualismus" (311 - 380).

(1) Die neue reichsrechtliche Stellung der Kirche, die den Mailänder Protokollen (und dem „Toleranz-Edikt") folgte, veränderte das ganze Gefüge der vorkonstantinischen Apostelkirchen, vor allem auch die Position Roms. Die "Tetrarchie" des christlichen Altertums wurde dann vom 4./5. Jahrhundert mit dem neuen Patriarchensitz von Konstantinopel zu einer Pentarchie ausgeweitet (gegründet 330, erhoben 451), nicht ohne Widerspruch der angestammten „apostolischen" Patriarchate. Das war aber eine völlig neue Entwicklung, die für die Stellung Altroms und der gesamten Christenheit von weittragender Bedeutung wurde. Auch wenn „Neurom" dankbar für seine Andreasreliquien war, wußte jedes Kind, daß die neue Kaiserresidenz zwar die erste auf der grünen Wiese erbaute Christenstadt ohne heidnische Denkmäler war; daß sie aber ihren Rang und ihre Autorität aus der Residenz des „βασιλεῦς" (Basileus, des Königs und Kaisers), nicht durch direkten apostolischen Ursprung bezog wie Jerusalem, Antiochien, Rom und Alexandrien. Daher begründete „Neurom" auch den unbestrittenen Vorrang von „Altrom" weder spirituell noch frömmigkeitsgeschichtlich, auch nicht biblisch, d. h. theologisch, sondern politisch. So bildete sich letztlich durch die Gründung einer neuen kaiserlichen Residenz allmählich ein kirchlicher „Dualismus" heraus, der 1054 zu den bekannten schismenstiftenden Ereignissen führte.

(2) Schon das erste allgemeines Konzil von Nizäa (325), wenngleich von Kaiser Konstantin initiiert, organisiert und protegiert, vertrat das Prinzip der „Triarchie" als selbstverständlich. D. h., das Konzil konnte nur dann im Namen der gesamten Christenheit sprechen und verbindlich in Glaubensfragen entscheiden, wenn die drei apostolischen „Patriarchate" zumindest durch bevollmächtigte Legaten vertreten waren. Sonst galt die Kirchenversammlung eben als Partikularsynode ohne den umfassenden, d. h. „ökumenischen" Anspruch. Die Päpste bzw. abendländischen Patriarchen besuchten keines der sieben bzw. acht großen „kaiserlichen" Konzilien persönlich. Aber ihre Legaten hatten Sitz und Stimme und waren integraler Bestandteil der Kirchenversammlungen.

(3) Allerdings zeigte sich jetzt im Zeitalter der vier ersten großen Konzilien, daß die Zeit der Verfolgungen vor der Konstantinischen Wende zwar für die junge Christenheit existenzbedrohende Ausmaße annahm, daß aber die darauf folgenden heftigen dogmatischen Konflikte keineswegs ungefährlicher waren. Die Konzilien von Nizäa (325), von Konstantinopel (381), von Ephesus (431) und Chalzedon (451) bewirkten zwar bleibende Klärung in den Hauptdogmen der Christenheit; sie schufen das altchristliche *Credo*, ohne das kein verbindliches Konzil der Christenheit künftig mehr tagen konnte; aber keines von ihnen wurde widerspruchslos von der ganzen Christenheit angenommen.

(4) Die Kirchenversammlungen wurden auch regelmäßig zum Anlaß für bleibende Kirchenspaltungen, die vor allem im Osten zu einer Regionalisierung und Ausformung der erwähnten ethnisch identifizierbarer Teil-„Kirchen" führten, in Ägypten, in Syrien, im Irak, in Armenien und in Persien, arianisch, nestorianisch und monophysitisch. Die Konfession wurde immer mehr zum Ausdruck stammesmäßiger, kultureller und sprachlicher Differenzen. Diese trugen im Osten, aber auch im römischen Nordafrika zu den raschen Erfolgen des Islam von 611/622 - 711 bei, so daß in einem knappen Jahrhundert der südliche Bogen des Mittelmeerraumes islamisch beherrscht war.[87] Im West-

---

[87] Die Ursachen für die Vernichtung der nordafrikanischen Kirche durch den Islam sind vielfältig. Während sich nämlich im afrikanischen Ägypten (mit der Cyrenaika und Libyen, zum Patriarchat Alexandrien gehörig) bis in die Gegenwart hinein an die 30% koptischer Christen unter moslemischen Herrschern hielten, verschwanden die übrigen nordafrikanischen Kirchen mit sechs Provinzen nach 709, ohne Spuren zu hinterlassen. Vgl. W. GESSEL, Art. „Afrika" (III. Kirchengeschichte), in: LThK 1 (1993), 220 - 221.
Die historisch belegbaren Gründe erklären zwar nicht alles, trotzdem seien sie hier skizziert: Die Ethnisierung, d. h. stammesmäßige, sprachliche und soziale Aufspaltung des Christentums, nahm in Afrika besonders radikale Formen an. Der Donatismus verschärfte die Spaltungen. Die Verfolgung durch die arianischen Vandalen dezimierte die Katholiken, nachdem die Römer nicht mehr den Willen zur Selbstverteidigung aufgebracht hatten. Die donatistischen Berber konvertierten zum Islam wie die Bogumilen Bosniens. Die reichen katholischen Römer flüchteten aus dem Land wie seinerzeit die Christen des hl. Severin. Zeitweise lebten an die 150 exulierte afrikanische Bischöfe z. B. in Sardinien. Die große afrikanische Kirche war eher episkopalistisch eingestellt. Zur Zeit des hl. BONIFATIUS galten die „Afrikaner" in päpstlichen Formularen schon als heterodox. Vgl. *Die Briefe des heiligen Bonifatius*, hrgb. M. TANGL, Berlin 1916 (= MGH *Epist. selectae* I), p. 32 (Ep 18): „Afros passim ad ecclesiasticos ordines praetendentes nulla ratione suscipiat, quia aliqui eorum Manichei, aliqui rebaptizati sepius sunt probati." (GREGOR II. am 1. Dezember 722.) Entnommen aus Gerhard B. WINKLER, *Bernhard*, aaO, XII („Heilsgeschichte"), 329, Anm. 6.

en gab es bis etwa 600 im wesentlichen nur die Spaltung der Gesellschaft in den arianischen Militäradel der „gotischen Ökumene" und die katholische *Romanitas*. Kirchenspaltungen wie die des Schismas von Aquileia in der Folge des Dreikapitelstreits unter Papst Vigil (537 - 555) irritierten zwar, waren aber zu beheben.[88]

(5) Angesichts der neuen gesellschaftlichen Freiheit wurden jetzt die verschobene Auseinandersetzung um die Grundfragen der Christologie und Trinitätslehre so heftig, daß die geschilderte traditionelle Pflege der *Communio*, ja nicht einmal das Synodenwesen mehr reichte, um die Einheit zu gewährleisten. Das bewegende Schicksal des hl. Athanasius von Alexandrien (+ 373) mußte die Christenheit nachdenklich machen. Da wurde einer der ersten Bischöfe der Ökumene bedroht, exuliert, verfolgt und gejagt, nur weil er sich bedingungslos für die Glaubenslehren eines Ökumenischen Konzils einsetzte.

(6) Dieser skandalöse Mißstand unterschied sich gar nicht so erheblich vom Machtmißbrauch des vorkonstantinischen Imperiums. Denn ohne die massive Unterstützung durch das Kaisertum hätten die arianisch gesinnten Bischöfe des Ostens nicht so bedrohlich gegen ihren hochrangigen Amtsbruder Athanasius vorgehen können. Diesem blieb nur 341 die Zuflucht bei Julius I. (+ 352) Der Papst hielt Jahre lang zu dem von den meisten seiner Amtsbrüder Isolierten. Damals war es Alexandrien und Rom, die das Glaubensbekenntnis von Nizäa (325) und damit die „Orthodoxie" retteten. Athanasius bewirkte einen Präzedenzfall für künftig abgesetzte und flüchtige Bischöfe, in Rom Zuflucht zu suchen. Hier ist der Ursprung des päpstlichen Appellationswesens anzusetzen.

(7) Ostkirchliche Synoden (z. B. die von Antiochien 341) vertraten damals die Auffassung, daß die Kirchenprovinzen autonom seien und daß man von einer Provinzialsynode nicht an eine andere Synode appellieren dürfe.[89] Dieses Prinzip wurde nun allmählich aufgeweicht. Es erwies sich nicht mehr sachdienlich und demnach als ergänzungsbedürftig. Die Synodalen verfielen auf das päpstliche Rom als Appellationsinstanz. Julius I. schrieb noch 341 an die Orientalen[90]: Alexandrien

---

88 Jakob SPEIGL, Art. „Dreikapitelstreit", in: LexMA 3 (1986), 1381 f.

89 Die Konzilien von Karthago (419, 424) verbaten die Appellation nach Rom mit dem Hinweis, daß einem römischen Gericht die Lokalkenntnis fehlen würde und es dadurch zu Verschleppungen käme, die der Rechtsordnung nicht förderlich seien: CCL 149, 170 f. Klaus SCHATZ, *Primat*, aaO, 51; 39 - 41.

90 Über die schlechte Behandlung des hl. ATHANASIUS und die rechtswidrige Einsetzung eines Bischofs Gregor: *Epist*. XIV, in: PL 8, 896 f. PG 25, 308. „...Deinde non decuit huiusmodi innovationem adversus Ecclesiam induci. Qualis enim canon Ecclesiasticus aut qualis apostolica traditio hoc permittit...": *Epist*. XIV, in: PL 8, 896 f.

sei nicht eine beliebige Kirche, sondern eine apostolische. Nach Gewohnheitsrecht hätte daher der Streitfall um den Bischof Athanasius *allen* „Patriarchen" vorgelegt werden müssen, vor allem dem römischen. Dieser hätte im Fall des Bischofs von Alexandrien Recht sprechen müssen. Im nachhinein einfach zu urteilen entspreche als „Neuerung" weder der gesetzlichen Ordnung noch den Anordnungen der hll. Apostel Petrus und Paulus.

(8) Papst Julius spricht sich in petrinisch-paulinischem Verantwortungsbewußtsein klar gegen regionalistische („autokephale") Tendenzen im Interesse der Gesamtkirche aus. Der Papst sah eine besondere Verantwortung gegenüber den Bischofssitzen, die dann im 5. Jahrhundert Patriarchate genannt werden sollten.[91] Der neuen Aufwertung einer Schiedsrichterrolle des Papsttums ging ein alarmierender Eklat voraus: Auf dem Konzil von Serdica oder Sardica im heutigen Bulgarien (342/343) versuchten die meisten Väter Athanasius gegen den Willen einer kleinen Opposition auszuschließen. Damals stellte der Bischof Ossius von Cordoba mit Erfolg den Antrag, daß sich von Synoden abgesetzte Bischöfe sehr wohl an den Papst als eine „Revisionsinstanz" wenden dürften. „Ehren wir das Andenken des hochheiligen Petrus!"[92] Bestimmungen von Sardica lauteten: Der Papst möge in solch einem Fall, wenn es ihm gut dünke, ein Gericht zusammenstellen, vor dem sich der angeklagte Bischof rechtfertigen könne. So sollten die Bischöfe „das Andenken des heiligsten Apostels Petrus" ehren.[93]

(9) Der Streit um die Orthodoxie und die Überwindung des Arianismus ließ auch Basilius den Großen, den Bischof und Exarchen von Cäsarea in Kappadozien (+ 379), nach Rom blicken. Er entwickelte ein ungewöhnliches Vertrauensverhältnis zu Papst Damasus I. (+ 384). Für den griechischen Kirchenvater und Heiligen stand bereits der Lehrprimat des römischen Bischofs außer Zweifel.[94] Die Bischöfe des Erdkreises müßten in regelmäßigem Gedankenaustausch mit dem Bischof von

---

[91] Vgl. das analoge Motiv in der *Constitutio Constantina* des 8. Jahrhunderts: Der päpstliche „Prinzipat" erstrecke sich „tam super quattuor praecipuas sedes Antiochenam, Alexandrinam, Constantinopolitanam et Hierosolymitanam, ...": Carl MIRBT/ Kurt ALAND, *Quellen*, aaO, Nr. 504/12, 253.

[92] Rom als Nothelfer: Klaus SCHATZ, *Primat*, aaO, 41 - 43. INNOZENZ I; *Epistolae et decreta*, in: PL 20, 472. Die sardinischen Väter hätten das auch bekannt: LEO I., *De haeresi*, in: PL 55, 1207. „... patres, Romanam ecclesiam propter beati Petri memoriam semper honorandam decernimus, ...": Konzil von Reims, *Acta*, in: PL 139, 312.

[93] „*... memoriam sanctissimi Petri Apostoli honoremus*": DH, Nr. 133 - 135; 67 ff.

[94] Berthold ALTANER/Alfred STUIBER, *Patrologie*, aaO, 297.

Rom stehen, um so die „Orthodoxie" zu gewährleisten. Anders als im westlichen Mittelalter stellte er sich allerdings nicht die Frage eines universalen Hirtenamtes im Sinne jurisdiktioneller Leitungsgewalt.

(10) Selbst der hl. Chrysostomus (+ 407) appellierte 404 an Innozenz I. (+ 417) wegen seiner Absetzung als „Patriarch" von Konstantinopel mit der Bitte um Rückendeckung. Allerdings schickte er Schreiben mit gleichem Inhalt auch an die beiden Metropoliten von Mailand und Aquileia. Ohne viel Worte über das Weiterleben des Petrusamtes auf dem römischen Bischofsstuhl war diese Intervention und die Hilfe durch den Papst nicht ohne „Bedeutung für die Stärkung der Primatsidee"[95].

(11) Als um 370 der Arianismus im zerstrittenen Osten einigermaßen überwunden war, hatte die römische Kirche wegen ihrer Unterstützung der „Orthodoxie" von Nizäa an Ansehen gewonnen. Dieses wurde auch durch eine unglückliche Kompromißformel des Papstes Liberius (352 - 366) über die Wesensgleichheit des ewigen „Wortes" nicht erheblich getrübt. Denn es war allgemein bekannt, daß der Papst von der ursprünglichen Einstellung her ein eindeutiger Verfechter der Dekrete von Nizäa war, daß er sich dem kaiserlichen Ansinnen gegenüber zunächst als unbeugsam erwiesen hatte und daß er die Verbannung forderte, ohne eine Bedenkzeit für sich zu beanspruchen. Er war aber auch physisch so schwer unter Druck gesetzt worden, daß er schließlich unterschrieb.[96] So wurde das päpstliche Rom trotz verständlicher Schwächen und gelegentlicher Fehlleistungen „faktisch zu einem Zentrum, das Einheit vermittelte."[97]

(12) Nach schlimmen Leiden der vorerst Beteiligten setzte sich die Linie des Athanasius, der „Kappadozier" und der Päpste zunächst gegen das vom kaiserlichen Hof protegierte Arianertum durch. Als dann einige Jahrzehnte später der ostgermanische Militäradel, Rugier, Gepiden, Goten, Burgunder, Sueben und Vandalen, d. h. arianische Christen, das Machtvakuum des Imperiums füllten und den katholischen Romanen an Donau, Rhône, Ebro und Po wegen deren Heterodoxie als doppelt befremdend, gefährlich, ja barbarisch erscheinen

---

95 Berthold ALTANER/ Alfred STUIBER, *Patrologie*, aaO, 330.

96 Georg SCHWAIGER, Art. „Liberius", in: LThK 4(1965),1015 f. Johannes HERRMANN, *Kleine Schriften zur Rechtsgeschichte*, hrgb. Gottfried SCHIEMANN (= Münchner Beiträge zur Papyrusforschung und antiken Rechtsgeschichte 83, München 1990, 321 - 330, Text: 324 - 327. Wolfgang WALDSTEIN, Rezension, in: ZSRG.K 109 (1992), 752 <Protokoll des Gesprächs des Papstes mit Kaiser Konstantius in Mailand>.

97 Klaus SCHATZ, *Primat*, aaO, 41.

mußten,[98] verschwand der Spuk - mit etwas diplomatischer Unterstützung durch Papst Gregor den Großen - fast von selbst. Dieser hatte auf die ursprünglich agilolfingische Prinzessin Theudelinde (+ 626) Einfluß ausgeübt. So konvertierten die Langobarden ein wenig später als die iberischen Westgoten. Die Ostgoten Theoderichs (+ 395) waren mit ihren arianischen Hilfsvölkern nach 554 fast spurlos aus der Geschichte verschwunden. Die 457 arianisch gewordenen Burgunder waren schon vor Chlodwigs Taufe (496) an der Rhône katholisch geworden. Die Zukunft gehörte dem christlichen Rom des Petrus und Paulus.

98 R. KLEIN, Art. „Rugier", in: LexMA 7 (1995), 1092 f. vertritt aufgrund der *Vita Severini* des EUGIPPIUS (hrgb. Rudolf NOLL, Passau 1963), die Auffassung, daß der Arianismus der Rugier nördlich der Donau im heutigen Österreich die Beziehung zu den Christen des hl. Severin nicht gestört habe. Zweifellos konnte dieser mit den barbarischen Nachbarn im Konfliktsfall geschickt und erfolgreich verhandeln. Aber m. E. spricht das mehr für die Fähigkeiten Severins als die „ökumenische Nähe" der arianischen Rugier. Zumindest Eugippius verrät keinerlei Vorliebe für die „Barbaren".

SIEBTES KAPITEL

Der Zusammenbruch des westlichen Kaisertums und der päpstliche Primat unter Siricius (384 - 399), Bonifatius I. (414 - 422) und Leo I. (440 - 461).

(1) Die Sonderentwicklung des Petrusamtes in der Spätantike war nicht zuletzt durch den Zusammenbruch der kaiserlichen Ordnungsmacht bedingt. Während in Byzanz das hochentwickelte Rechts- und Verwaltungssystem bis in das späte Mittelalter voll handlungsfähig blieb, wurde im westlichen *Imperium* vom Hadrianswall bis nach Sizilien, von Andalusien bis in die ehemaligen Provinzen Noricum und Raetien die römische Zivilisation teilweise durch Sitte, Recht und Herrschaftsformen der germanischen Stämme, der Sueben, Westgoten, Angeln, Sachsen, Jüten, Ostgoten, Langobarden, Burgunder und Franken ersetzt. Nach der ersten Eroberung Roms durch die Westgoten Alarichs (410) brach für die Kirchenväter wie Hieronymus und Augustinus eine Welt zusammen. Schlag auf Schlag folgten die Katastrophen, welche die kaiserliche Herrschaft im Abendland vernichteten: Der Skirenkönig Odoaker erzwang die Abdankung des letzten weströmischen Kaisers Romulus Augustulus (476). Er selbst wurde von den Ostgoten abgelöst und von Theoderich dem Großen ermordet (+ 493). Der hl. Severin (+482) organisierte die Evakuierung der keltoromanischen Bevölkerung aus den Donau- und Alpenprovinzen, bis 488 die endgültige Räumung erfolgte. In Gallien wurden etwa gleichzeitig Klöster und Bischofssitze zu Refugien der *Romanitas*.

(2) Für diese Zeit mag es wie ein Symbol erscheinen, daß der alte Papsttitel (πάπας...pápas), der ursprünglich für höhere Bischöfe, Patriarchen und sogar Äbte verwendet wurde, jetzt aber praktisch ausschließlich dem Bischof von Rom als Anrede und Titel vorbehalten war.[99] Mehrere Faktoren trugen zur neuen Stellung des Papstes bei:

---

[99] Friedrich KLUGE, *Etymologisches Wörterbuch der deutschen Sprache*, Berlin 1960, hrgb. Walther MITZKA, 18. Aufl., Art. „Papst", 530 f. Die Entwicklungslinie von πάπας...*pápa* ist nicht zu verwechseln mit der von griechisch παπᾶς...*papâs*, d.i. dem niedrigen Kleriker, später in „Pope" erhalten und durch die Zweite Lautverschiebung zu „Pfaffe" verwandelt. Klaus SCHATZ, *Primat*, aaO, 44.

Das Zusammenbrechen der kaiserlichen Macht in Italien war das entscheidendste. Die kaiserliche Verwaltung blieb nur in Enklaven zunächst um Ravenna und in Apulien und in der „Basilicá" erhalten. Das führte *nolens volens* zu einem stärkeren bischöflichen Einsatz in den weltlichen Geschäften, nachdem die zivile Gerichtsbarkeit Bischöfen schon im 4. Jahrhundert vielfach übertragen worden war. Dazu kam die Christianisierung der herrschenden Stände, der „Ritter"- und Senatorengeschlechter, die auch für die höheren Ämter der Christenheit, besonders auch für das Papsttum nicht ohne Folgen blieb. Diese Schichten brachten auch in der Regel die erlesene Ausbildung und Erziehung ihrer Standesgenossen mit. Sie hatten den Umgang mit der Macht schon in der Kinderstube vorgeführt und von ihren Rechtslehrern vertieft bekommen. Ihre rhetorische Bildung trug zum Glanz des spätpatristischen *Sermo* und der übrigen geistlichen Literatur bei. Der römische Adel gehörte neben den Philosophen und Bauern (*pagani*) bekanntlich zu jenen Kreisen, die in der Spätantike das Christentum am spätesten, wenn überhaupt annahmen. Die Kreise des senatorischen Adels und der Ritter brachten in die Kirche schließlich die Vorstellung von der *Roma aeterna* mit. Unversehens wurden jetzt die Märtyrerapostel typologisch mit den Gründern von Rom, dem Brüderpaar Romulus und Remus, gleichgesetzt. Rom wurde jetzt nicht mehr als den Christen verdächtiges, immer auch gefährliches Gemeinwesen, ja als apokalyptisches Schandweib Babylon verstanden, sondern als das neue Haupt der Welt - wenigstens geistlich, wenn es schon politisch um Altrom sehr schlecht bestellt war. In der Lebensbeschreibung des hl. Severin von Noricum (+ 482) sah der Mönch Eugippius (+ um 533) in Lucullanum bei Neapel die verschreckte kelto-romanische Bevölkerung als das neue Israel an, das man nur schleunigst in das gelobte Land nach Italien bringen müsse - einschließlich der Reliquien namhafter norischer Bekenner und Märtyrer.[100]

(3) Um 400 erscheinen die Apostel auf den Mosaiken bereits in Senatorentoga. Bischöfe wie Ambrosius (+ 397) und später Gregor der Große (+ 604), der „Konsul Christi", hatten ja schon ihre senatorische Laufbahn vor Übernahme des geistlichen Standes hinter sich. Diese Art von „Politisierung" der Kirche bedarf keiner besonderen Erklärung, sie kann viel mehr als Bestandteil jeder gelungenen „Inkulturation" des Evangelisierungsvorgangs begrüßt werden. Die mittelalterliche „Adelskirche", deren Beginn wir ein Jahrhundert nach der Bekehrung

---

100 EUGIPPIUS, *Das Leben des Heiligen Severin*, hrgb. Rudolf NOLL, Passau, 1963.

Chlodwigs anzusetzen pflegen, beginnt demnach eigentlich schon hier in der Spätantike.

(4) Durch Papst Siricius (+ 399) fand erstmals der kaiserliche Dekretalienstil in den römischen Schreibstuben Eingang. Nicht nur die *Kanones* der Konzilien, sondern allmählich auch die Sammlungen der päpstlichen „Dekretalien" bildeten nun das geschriebene „kanonische" Recht der Kirche. Der päpstliche Leitungsanspruch wird mit der „Sorge um alle Kirchen" (2 Kor 11,28) begründet. Im Osten betätigte sich der Papst als „Wächter des Rechts" (*custos canonum*), gemeint war das konziliare Recht im Unterschied zum päpstlichen Recht, den „Dekretalien". Auf den Mosaiken wurde jetzt Petrus, d. h. der Papst, immer häufiger als neuer Mose und Gesetzgeber für das neue Gottesvolk dargestellt.

(5) Leo der Große (+ 461) betonte sehr deutlich, daß das Amt Petri seine Person überdauere. Christus, der „Eckstein" und „Fels", selbst sei der eigentliche Träger des Petrusamtes. Der jeweilige Papst verwalte dieses Amt nur als Nachfolger und *vicarius Petri.* Der Akzent der Stellvertretung sollte sich dann im hohen Mittelalter auf den päpstlichen Titel vom *vicarius Christi* verschieben. Diese Entwicklung hatte dann mit der quasi-kaiserlichen Stellung des Papstes zu tun, auf die wir weiter unten zu sprechen kommen wollen.

(6) Der Bischof von Konstantinopel wurde 451 als Patriarch, im Rang unmittelbar nach Rom in die Konzilkanones aufgenommen.[101] Papst Leo der Große protestierte zunächst gegen diese Neuerung. Dogmatisch verbindliche Synoden wurden jetzt nur mehr unter Beteiligung der gesamten Pentarchie als „Ökumenische Konzilien" ermöglicht und anerkannt. In den Spannungen der Hauptkirchen untereinander, vor allem zwischen „Neurom" und Alexandrien war besonders in den großen dogmatischen Kontroversen eine Appellationsinstanz immer nötiger geworden, wie wir oben sahen. Dies alles führte zu einer Aufwertung der römischen Petrustradition, obwohl alles den Anschein hatte, daß die Konzilien kaiserliche Veranstaltungen waren, bei welcher der Osten beherrschend in Erscheinung trat.

(7) Auch im Verhältnis zur Kirche des Ostens erlangte Papst Leo I. ein Höchstmaß an universaler Zustimmung, wie sie vor und nachher nicht mehr gegeben war. Im Streit um Eutyches, den Monophysitismus und das Konzil von Chalzedon (451) fiel der bekannte Satz: „Roma lo-

---

[101] Pierre-Thomas CAMELOT, *Ephesus und Calcedon*, Gervais DUMEIGE, Heinrich BACHT, *Konzilien*, Bd. 2 (1963), aaO, 170 ff., 181 ff.

cuta, causa finita!"[102] Der Papst hatte nur durch einen Legaten am Konzil teilgenommen. Das Konzil hatte sich nach längeren Debatten die überaus klare Stellungnahme des Papstes zu eigen gemacht und als apostolisch anerkannt. „Petrus hat durch Leo gesprochen!" schrieen die Konzilsväter mit Erleichterung. Im Westen wurde das päpstliche Votum bereits als Ausdruck eines Lehrprimats verstanden. Die nordafrikanischen Teilkirchen verwendeten das „Causa finita" wie Augustin bereits 417 in der Auseinandersetzung mit den Pelagianern.[103] Augustin anerkannte eindeutig die *auctoritas* Roms, nicht aber eigentlich eine *potestas*. Die Afrikaner hatten sich auch gegen Appellationen nach Rom ausgesprochen. Es gab praktische Gründe für diese Entscheidung, die auch in das konziliare Recht übernommen werden sollte[104]: Der Papst müsse mit der Schwierigkeit der Zeugeneinvernahme angesichts der großen Entfernungen rechnen.

(8) Papst Leo der Große verstand es bereits, hervorragenden Bischöfen der Ökumene in Ost und West seinen Vorrang klar zu machen. Die Versuche des Bischofs von Arles nach Oberhoheit, wies er zurück, indem er ihn zum apostolischen Vikar für seine Kirchenprovinz machte. Die gleiche Maßnahme setzte er mit der paulinischen Gemeinde von Thessalonike. Dem Patriarchen Dioscuros von Alexandrien (+ 454) sagte er, er sei der Nachfolger des Petrusschülers Markus. Es dürfe zwischen Lehrer und Schüler aber keinen Gegensatz geben. Der Papst dachte bereits über Gleichheit und Unterschied des Bischofskollegiums. In der „Würde" (der *dignitas*) seien alle gleich, nicht aber der „Rangordnung" (dem *ordo*) nach.[105]

(9) Leo I. erfreute sich persönlich großer Führungsqualitäten. Aber er konnte sich nur deshalb auch kirchlich so entfalten, weil der kaiserliche Einfluß im Westen immer mehr zerfiel. Als es ihm 452 gelang, den Hunnenkönig Attila mit seinen Scharen von Rom fernzuhalten und die Plünderung Roms durch dieVandalen (455) zu verhindern, stärkte das sein Ansehen auch in weltlichen Angelegenheiten (*in temporalibus*). Das Papsttum wuchs durch ihn allmählich in eine subsidiäre Rolle politi-

---

[102] AUGUSTINS Bericht über die Stellungnahme zu den Pelagianern: in: PL 38, 374. Zit. Klaus SCHATZ, *Primat*, aaO, 50. „Sic sedes primaria libello addita est, ... iudicium decernat, et causa finita est": Leo I., *De haeresi et historia Eutychiana*, in: PL 55, 1182. Jakob Paul MIGNE, *Professio fidei editoris*, in: PL 217, 1209.

[103] „Causa finita ...!" an die Pelagianer: AUGUSTIN, *Sermones de Scripturis*, 131, in: PL 38, 734.

[104] Die Konzilien von Karthago (419, 424) verbieten die Appellation nach Rom: Klaus SCHATZ, *Primat*, aaO, 51; 39 - 41. CCL 149, 170 f.

[105] Klaus SCHATZ, *Primat*, aaO, 62.

scher Machtausübung hinein. Als die kaiserlichen „Dekurionen" in den italienischen Städten nicht mehr in der Lage waren, ein geordnetes öffentliches Leben zu gewährleisten, wurden Bischöfe zu „Stadtherren", indem sie für Recht, Verteidigung und Nahrung sorgten. Die quasi-kaiserliche Rolle des Papsttums zur Zeit des frühmittelalterlichen *Constitutum Constantini* (um 770) war schon in diesen Ereignissen der sgn. Völkerwanderung (500 - 800) vorgezeichnet.[106]

(10) Dieses „subsidiäre" Verhalten oberster kirchlicher Amtsinhaber zeitigte zweierlei Folgen: Erstens die Kirchenkonzeption der „vollkommenen Gesellschaft" (der *societas perfecta* Robert Bellarmins SJ, + 1621) wurde damals aus der Not geboren. Die Kirche bekam einen eminent öffentlichen Charakter. Da war keine Spur mehr von Geheimbündelei und Sektenmentalität gegeben, wie sie noch ein Julian Apostata (+ 363) voll Gehässigkeit den Christen nachsagte. Da war nichts von der dekadenten „privacy" einer zerfallenden hedonistischen Gesellschaft.[107] Da konnte sogar ein Abglanz des Gottesstaates Augustins (*Civitas Dei*) erkennbar werden. All das kostete seinen Preis: Das waren römische Denkformen, römisches Recht, römische Staatsauffassung, römischer Verwaltungsstil und eine unverwüstliche Romsymbolik: So fühlte sich noch in der neuesten Zeit ein Kurienkardinal, der etwas auf sich hielt, ein wenig wie ein altrömischer Senator. Zweitens gewöhnte sich die Kirche an notwendige weltliche Machtausübung so sehr, daß ihr die Idee eines *Patrimonium Petri*, das man später den Kirchenstaat nannte, immer vertrauter wurde. Gregor der Große war der Verfasser der *Regula pastoralis*, der Lebensgeschichte des hl. Benedikt und der Kommentare zum Buch Ijob, einer „Moraltheologie" der kommenden Jahrhunderte. Trotzdem war es gerade er, der den „Kirchenstaat", dieses „weltliche" Schaufenster des höchsten geistlichen Amtes, begründete. Er wirkte zwar in seiner Jugend als römischer Stadtpräfekt, aber er war primär ein „Geistlicher" und Seelsorger.

(11) Die eben geschilderte Entwicklung päpstlicher „Strukturen" wurde später als Sündenfall des Papsttums und der Kirche gewertet. Waldenser, Ghibellinen, Lollarden und Hussiten sahen darin einen Abfall vom Ideal der „armen Kirche" (von der *ecclesia pauper*). Aber sie war auch ein Mittel, wenn auch ein gefährliches, zu verhindern, daß sich die Christenheit in ethnische, nationalistische, völkische, kulturelle und staatliche Autokephalien aufsplitterte.

---

[106] Carl MIRBT, Kurt ALAND (Ed.), *Quellen*, aaO, 251 - 256, Nr. 504.

[107] Richard SENNETT, *Verfall und Ende des öffentlichen Lebens* <*The Fall of Public Man*, New York 1977>, *Die Tyrannei der Intimität*, Frankfurt/Main 1983, 15 ff., 379 - 382.

ACHTES KAPITEL

Das päpstliche Schiedsgericht angesichts der Nachwehen der Konzilien (431 und 451) und die Forderung nach Immunität der hl. Gelasius (+496) und der hl. Symmachus (+514).

(1) Durch die Verlegung der Residenz nach dem Osten verlor das westliche Kaisertum immer mehr an Bedeutung, bis es gut ein Jahrhundert später erlosch. Die Päpste ehrten zwar den Kaiser noch bis ins 8. Jahrhundert mit der Anrede „κύριος" (Kyrios). Aber schon im 4. Jahrhundert sind die Ansätze für die durch die politischen Verhältnisse bedingte Emanzipation des römischen Bischofs zu erkennen, Diese führten dann im Zeitalter der „Völkerwanderung" (500 - 800) schrittweise zur Übernahme von ursprünglich kaiserlichen Befugnissen, zu Immunitätsansprüchen um 500, zur lokalen Stadtherrschaft, schließlich zum „Patrimonium Petri" um 600 und nach der sgn. „Pippin'schen Schenkung" zu eigenstaatlichen Strukturen (754) mit quasikaiserlicher Symbolik. Der „Kirchenstaat" des 16. Jahrhunderts war vorgeformt. In Italien war ein politisches Machtvakuum entstanden, das nach dem uralten Subsidiaritätsprinzip u. a. die Bischöfe *nolens volens* auszufüllen trachteten. Auch die Übernahme des *Patricius*-Amtes durch die fränkischen Karolinger, das ursprünglich die Byzantiner ausübten, bot sich in diesem Zustand der praktisch geschwundenen kaiserlichen Ordnungsmacht fast notgedrungen an.

(2) Die neuen keltischen, germanischen und slawischen Missionsvölker dachten keineswegs daran, auf die Dauer „autokephal" zu bleiben. Das bedeutete unversehens einen Zuwachs für das Ansehen des Papstes als Patriarchen des Westens und Inhaber des Stuhles Petri. In den neu für das Christentum gewonnen Räumen machte sich eine spezifische „Petrusfrömmigkeit" bemerkbar, das einen evangelischen Kirchenhistoriker veranlaßte zu sagen: „Nicht das Christentum kam missionierend zu den Germanen, sondern die Germanen kamen zum Christentum."[108]

[108] Kurt Dietrich SCHMIDT, *Grundriß der Kirchengeschichte*, Fünfte Aufl., Göttingen 1967, 159. Theodor SCHIEFFER, *Winfried Bonifatius und die christliche Grundlegung Europas*, Freiburg /Br. 1954/1972/1980, 112. Heinrich SCHMIDINGER, *Patriarch im Abendland.* Beiträge zur Geschichte des Papsttums, Roms und Aquileias im Mittelalter, hrgb. Heinz DOPSCH etc., Salzburg 1986, 198.

Was die Slawenmission anlangte teilten sich Konstantinopel und Alt-Rom in etwa die Ernte. Serben, Bulgaren und das Reich von Kiew schloß sich schließlich dem „zweiten" Patriarchat an. Die Interventionsmöglichkeiten in der östlichen Reichskirche konnten nicht mit den westlichen Schritt halten. Auch im Osten profilierten sich die Patriarchen im Laufe des 5. Jahrhunderts in dem Maße merklich, in dem der ethnische Regionalismus (einer fortschreitenden „Autokephalisierung") die kirchlichen Strukturen immer mehr bestimmte.

(3) Als Odoaker (+ 493) und Theoderich (+ 536) ihre Barbaren als Stammeskönige und die romanische Bevölkerung mit dem Titel kaiserlicher *Patricii* in Italien regierten, indem sie die Oberherrschaft von Byzanz anerkannten, brachte diese „kaiserlose Zeit", wie wir schon sahen, Bedrängnis für das Papsttum und die katholischen Christen der *Romanitas*. Aber diese Vorgänge verhalfen dem Papsttum auch zur nötigen Loslösung und zu einem entfalteten Selbstverständnis. In diesen Jahren wurde sowohl von Papst Gelasius I. (+ 496) als auch von Papst Symmachus (+ 514) der mehr als ein Jahrtausend fast unangefochtene rechtliche Grundsatz aufgestellt, daß der höchste Stuhl der Christenheit von niemandem als durch Gott gerichtet werden dürfe. Vorher wurden nicht selten Päpste an den kaiserlichen Hof zitiert und übel behandelt, wenn sie nicht willfährig waren. Jetzt versuchten die Päpste nach dem Grundsatz zu zitieren: „Spiritualis autem iudicat omnia, et ipse a nemine iudicatur!" (1 Kor 2,15). Dieses Prinzip stammt also nicht erst aus der Zeit des Investiturstreits. Papst Gelasius I. entwickelte bereits die Lehre von den „Zwei Gewalten", ohne dabei schon mit den „zwei Schwertern" (Lk 22,38) des hl. Petrus zu argumentieren. Das heißt, nicht der Kaiser oder irgend ein „Patricius" richtet den Papst, sondern dieser richtet gegebenenfalls die Träger der weltlichen Macht *sub specie peccati*, insofern als die Fürsten als Getaufte im „mystischen Leib" zwar eine wichtige Stellung einnehmen, aber natürlich auch wie jeder andere Christ der Kirchenzucht unterworfen sind.

(4) Eine zweite Wirkung der Bedrängnis und der Rechtsunsicherheit war die allmähliche Herausbildung der Dokumente, die dann im 8. Jahrhundert zum *Constitutum Constantini*[109] führten. In dem Maße, in dem das Fehlen der kaiserlichen Ordnungsmacht immer spürbarer wurde, wuchs auch die Bedeutung der Bischöfe, vor allem des Bischofs von Rom. In dieser Zeit (also um etwa 500 n. Chr.) wurde sowohl die politisch hochbedeutsame Silvesterlegende und die sgn. „Symmachische Fälschung" verfaßt. Diese Dokumente gaben präzise die fakti-

---

[109] Carl MIRBT, Kurt ALAND (Ed.), *Quellen*, aaO, 251 - 256, Nr. 504.

schen Rechtsverhältnisse der „kaiserlosen Zeit" nach 476 wieder. Der Kaiser hatte sich wirklich auf Byzanz zurückgezogen. Der Papst und die Bischöfe übten tatsächlich quasikaiserliche Pflichten und Befugnisse aus. „Petrus" wurde von den Kaisern und der Kirche des Ostens hoch verehrt. Papst Silvester hatte Konstantin wirklich im weiteren Sinn vom „Aussatz" der Erbsünde befreit, auch wenn er sich aus bestimmten Gründen erst auf dem Sterbebett taufen ließ. Denn wegen der rigorosen Bußdisziplin der Zeit pflegten viele Taufbewerber das Sakrament der Wiedergeburt möglichst lange hinauszuschieben. Nach dem Konzil von Chalzedon (451) hatte das Papsttum durch Leo den Großen (+ 461) wirklich eine führende Rolle in der nun festgelegten „Pentarchie" (Rom, Konstantinopel, Antiochien, Alexandrien und Jerusalem) erlangt. Das alles waren die historischen Fakten, die der Legende als Kern zugrunde lagen.

(5) Dazu kamen die Probleme der Absicherung der kirchlichen Lehre. Der Arianismus war im Osten vor allem durch das Verdienst auch westlicher Helfer des hl. Athanasius weithin überwunden, wenn er auch unter den neubekehrten Ostgermanen eine respektgebietende Realität blieb: Die Glaubensspaltung erledigte sich, wie wir oben erwähnten, mit dem Übertritt der Burgunder zur katholischen Kirche schon vor 500, dem Untergang der Ostgoten (536), der Bekehrung der Westgoten in Hispanien, der Sueben in Lusitania (später Portugal) und der Langobarden in Norditalien um 600. Aber die Kontroverse mit dem Monophysitismus blieb bis fast 800 n. Chr. (letztlich bis zum Bilderstreit) nicht ganz ausgefochten. Es war die Frage, ob in Christus eine untrennbare und gleichzeitig unvermischte Einheit einer wahren Menschennatur mit dem göttlichen Logos gegeben war oder nicht. Die Monophysiten gingen von einer „gottmenschlichen" Mischnatur aus, wobei die wahre Menschheit nicht genügend gewürdigt wurde. Der christliche Osten spaltete sich in eine Reihe von ethnisch bestimmten Konfessionen auf. Altrom bildete Jahrzehnte lang das Zünglein an der Waage, vor allem im Streit zwischen Alexandrien und dem „orthodoxen" kaiserlichen Konstantinopel.

(6) In diesen Auseinandersetzungen gerieten auch Päpste ins Zwielicht, als sie versuchten, zwischen den Parteien zu vermitteln. Das war schon im Arianerstreit die Kompromißformel, die dem Papst Liberius (+ 366) von den kaiserlichen Beamten unter schwersten Mißhandlungen und Demütigungen abgerungen wurde.[110] Dann gab die Haltung

[110] Vgl. Protokoll des Gesprächs mit dem Kaiser Konstantius in Mailand: Gottfried SCHIEMANN, Wolfgang WALDSTEIN, oben Anm. 96, S. 35.

des Papstes Virgilius (+ 555) im „Dreikapitelstreit" Anlaß zum Ärgernis. Auf dem Fünften Ökumenischen Konzil in Konstantinopel (553) wurden Texte von antiochenischen Theologen als „nestorianisch" gedeutet und verurteilt, um den Monophysiten entgegenzukommen. Der Papst stimmte dem zu, obwohl er persönlich voll hinter den Definitionen von Chalzedon (451) stand. Er schuf sich selbst ein 60 Jahre anhaltendes Schisma mit Mailand und eine fast bis 700 währende Spaltung mit Aquileia. Die päpstliche Autorität war dadurch auch im Westen eine Zeit lang schwer beeinträchtigt, bis sie durch die Missionsgeschichte von 600 bis 800 wieder mächtigen Auftrieb bekam.

(7) Ähnlich war es mit der Honoriusfrage (+ 638), die im Streit um die päpstliche Unfehlbarkeit 1870 hochgespielt wurde. Der Papst wurde auf dem Siebten Allgemeinen Konzil in Konstantinopel (680/681) verurteilt, obwohl er kein Monothelet sein wollte, aber er glaubte mit der Lehre von einem Willen in Christus mit dem Kaiser und vielen ostkirchlichen Kreisen in einem kontroversen Brief die monophysitischen „Monotheleten" zufriedenstellen zu können. Er hielt die Lehre von dem einen Willen für eine Kompromißmöglichkeit, ohne zu bedenken, daß dabei das Dogma von der vollen Menschennatur Christi (d. h., nicht ohne eine vollständige menschliche Seele) unberücksichtigt blieb. Seit Irenäus von Lyon (+ um 200) hieß es „Romana ecclesia, quae numquam erravit", wie wir oben gesehen haben. Dieser Ruf schien jetzt etwas angekratzt. Die Fälle zeigen aber auch, wie ernst die Christenheit den römischen Stuhl nahm, wenn selbst ein etwas schlecht durchdachter und unkluger päpstlicher Brief Jahrzehnte lang für Aufregung sorgte, ja nicht vergessen wurde.

(8) Im Bilderstreit des 8. Jahrhunderts, der im Achten Allgemeinen Konzil (787) zugunsten der Bilderverehrung entschieden wurde, hatte sich Rom beharrlich dem Ikonoklasmus mit seiner monophysitischen Spiritualität widersetzt. Der Papst stand damit auch im Gegensatz zur kaiserlichen Religionspolitik. Umso blamabler war die Verurteilung der Bilderverehrung auf einer vom Frankenkönig Karl betriebenen Synode zu Regensburg (792) und dem darauf folgenden Reichstag zu Frankfurt (794). Die Synodalen verstanden die liturgische Bilderverehrung („προσκύνεσις" ... proskynesis) einseitig als „Anbetung" (*adoratio*). Dem ehrgeizigen Frankenkönig war bereits der erste Versuch, Papst zu spielen, mißglückt.

NEUNTES KAPITEL

Das Papsttum und die mittelalterliche Missionsgeschichte (500 - 800).

(1) Trotz der eben geschilderten Krisen und Niederlagen des Papsttums, der Spaltungen und Verluste, wurde dieses nach den Worten eines evangelischen Kirchenhistorikers zum „Konstitutivum des Mittelalters"[111]. Die mittelalterliche Missionsgeschichte erreicht gegen Ende des 7. Jahrhunderts einen kritischen Wendepunkt, der sich rational nicht völlig klären läßt. Die arianischen Königreiche waren um 600 katholisch geworden oder aus der Geschichte verschwunden. Die durch den „Dreikapitelstreit" verursachten Schismen wurden um 700 nach eineinhalb Jahrhunderten bereinigt. Der Islam hatte auf dem Boden der altchristlichen Patriarchate Antiochien und Alexandrien, dazu in der römischen Provinz Afrika, in der Metropole Karthago, der Wirkungsstätte eines Tertullian, Cyprian und Augustin, innerhalb weniger Jahrzehnte einen unvergleichlichen Siegeszug angetreten. 711 setzten die Muslime nach Spanien über und standen 732 vor den Mauern des Martinheiligtums Tours. Das römische Patriarchat der Apostel Petrus und Paulus erschien drastisch reduziert, wenn nicht am Ende. Da setzte eine auffallende missionarische Unruhe ein: Papst Gregor der Große hatte 597 den römischen Abt Augustin (+ 605) aus dem Andreaskloster, den ersten Erzbischof von Canterbury, mit seinen 40 Gefährten in das Königreich Kent gesandt, damit die Angeln Engel würden („ut Angli Angeli fiant"). Diese Initiativen wirkten zurück auf den Kontinent. Der „Insel-Sachse" Willibrord, der spätere Lehrer des Winfried-Bonifatius, zog 690 in die Friesenmission. Diese zukunftsweisende Unruhe war zunächst auch mit den Namen Rupert von Salzburg (+ 716), Emmeram von Regensburg (+ um 700), Korbinian von Freising (+ um 720), Kilian von Würzburg (+ 689) u. a. verbunden. Ihren bleibenden Erfolg zeitigten diese Bemühungen etwa durch die Begründung der baierischen „Kirchenprovinz" (Salzburg, Freising, Regensburg und Passau: 739 bzw. 798). Das war bereits das Werk von Winfried-Bonifatius (+ 754), dem geistigen Nachfahren der hll. Augustin von Kent (+ 604/605) und Columban von Luxeuil bzw. Bobbio (+ 615).

---

[111] Kurt Dietrich SCHMIDT, *Kirchengeschichte*, aaO, 151 f.

(2) Noch während der Ostgotenherrschaft in Italien hatte sich 496 ohne direktes Zutun des Papstes durch die Bekehrung Chlodwigs und der Westfranken eine kirchliche Konstellation angebahnt, die im Laufe des 8. Jahrhunderts zu einer politischen Loslösung von Byzanz, zur Übernahme des fränkischen Patriziats und damit zu einer neuen Libertät des Papsttums führte. Der katholisch gewordene Frankenkönig hatte bereits 300 Jahre vor der Kaiserkrönung Karls des Großen (800) unter dem Einfluß aquitanischer Bischöfe eine staatskirchliche Stellung gewonnen, die mit der von Byzanz vergleichbar war. Nach dem Zusammenbruch der Ostgotenherrschaft (554) stellte Ostrom zwar nominell wieder seine Hoheit über Italien her. Der Papst holte bei seiner Wahl immer noch die Bestätigung des „Herren" Kaisers ein. Aber tatsächlich regierten seit 568 die arianischen Langobarden im Land, die die Angehörigen der angestammten katholischen *Romanitas* verunsicherten und bedrohten. D. h., sie waren nicht imstande, jene zivilisatorische Berechenbarkeit herzustellen, die den Romanen vertraut war.

(3) Dieser Notstand machte um 600 das durch vielfältige Schenkungen seit Konstantin dem Großen angewachsene *Patrimonium Petri* zu einer Überlebensfrage für die notleidende Bevölkerung Roms und Mittelitaliens. Gregor der Große (+ 604) verstand es meisterhaft, die bereits vorhandenen Ressourcen übrigens auch durch das *Patrimonium* seiner Familie zu vermehren, aber auch so zu führen, daß ihre Erträge wirklich den Notleidenden helfen konnten. Das war eine logische Weiterführung der schon längst üblichen Stadtherrschaft der Bischöfe. Damit trat das Papsttum auch in eine politische Führungsrolle ein, die in geistigen Krisenzeiten zum Ärgernis werden konnte. Denn es war nicht immer leicht, den Unterschied zwischen dem apostolischen Petrusamt und der subsidiären politischen Stellung klar zu machen.

(4) Diese Entwicklung des Papsttums war mächtig durch die päpstliche Missionsinitiative in Kent gefördert. Der hl. Augustin von Canterbury begründete auch die für die britischen Inseln damals charakteristische „Petrusfrömmigkeit", ohne die wir weder die Mission des hl. Bonifatius noch die Geschichte des deutschsprachigen Kulturraums verstehen können. Denn durch die Missionäre Gregor I. kam es zu einem massiven Wettstreit zwischen dem angestammten iroschottischen Kirchentum und dem neuen römischen. Es ging um Verfassungsfragen, die Rolle der Klöster und der Bischöfe um Kirchenzucht und Seelsorge und schließlich um den gemeinsamen Ostertermin. In vielem wie in der Missionsstrategie überdauerten die Iroschotten. Allerdings setzte sich auf der Synode von Whitby (664) die römische Reformbewegung durch. Den Ausschlag gab nach dem Bericht des

hl. Beda Venerabilis (+ 735) König Osuin von Northhumbria mit der Frage, wer von den beiden Heiligen Columban oder Petrus die Himmelsschlüssel führe.[112] Die treibenden Kräfte für die römische Kirchenordnung waren der hl. Wilfried (+ 709), der hl. Benedict Biscop (+ 689) u. a., eine zunächst majorisierte Minderheit, die im Frankenreich studiert hatte, alle geistige Väter der „insel"-sächsischen Mission der hl. Willibrord, Bonifatius und ihrer Gefährten. Das Petrusamt erwies sich als integrierende und missionarische Realität.

(5) Durch Bonifatius kam es zu einer beispielgebenden Aufwertung der römischen Kirche. Er bereitete den fränkischen Patriziat vor. 754 salbte Papst Stephan den Hausmeier Pippin zum König. Dieser verpflichtete sich im Vertrag von Quierzy zur Hilfe gegen die Langobarden. Aus dieser Intervention stammt ein wichtiger Rechtstitel für das *Patrimonium*. Denn der König vermachte dem Papst das von den Langobarden zurückeroberte Exarchat Ravenna mit Teilen der späteren Romagna und der Pentapolis an der Adria, ursprünglich kaiserliche Domänen. Diese wurden von einem „Exarchen" mit dem Titel eines *Patricius* verwaltet. Diesem oblag es auch bis zur Langobardenherrschaft, die Papstwahlen zu bestätigen. Die politische Stellung des Nachfolgers Petri bekam durch den Anspruch auf ursprünglich kaiserlichen Besitz eine quasikaiserliche Qualität. Das entsprach voll dem Rechtsinhalt des in diesen Jahren entstandenen *Constitutum Constantini*.[113]

(6) Bonifatius leistete den Treueid der „suburbikarischen" Bischöfe (der späteren Kardinalbischöfe) und empfing das *Pallium* vom Papst als Zeichen besonderer Zugehörigkeit zum päpstlichen Stuhl. In all seinen Reformbemühungen, vor allem im westfränkischen Reich vertrat er den Grundsatz der Einführung von Regeln und Bräuchen „wie sie die römische Kirche hält". Das Eigenkirchenwesen, das iroschottische sowohl wie das germanische, betrachtete er als untragbare „Paganisierung" des Christentums. Bonifatius war in diesen Reformbestrebungen weniger erfolgreich als bei seiner Missionspredigt. In Salzburg hat er 739 das vom Papst gesetzte Ziel einer vollen Kirchenprovinz mit einem

---

[112] „‚... averso illo qui claves tenere probatur.' Haec dicente rege ...": Als Wilfried so gesprochen hatte, sagte der König: ‚Ist es wahr, Colman, daß diese Worte von unserem Herrn zu Petrus gesprochen waren?' Er antwortete: „Es ist wahr, o König!' Er antwortete: ‚Kannst du irgend eine vergleichbare Vollmacht auch bei Columba aufzeigen.' Colman sagte: ‚Keine!'": BEDA VENERABILIS, *Historia Anglorum*, c. 25 („Wie es um den Streit wegen des rechten Ostertermins kam"), ed. D. KNOWLES, *Bede's Ecclesiastical History of the English Church*, London 1910/1950, 146 - 152; PL 95, 162.

[113] Carl MIRBT, Kurt ALAND (Ed.), *Quellen*, aaO, 251 - 256, Nr. 504; 111 ff.

Metropoliten nicht erreicht.[114] Gegen seine Vorstellungen wurde der Bischof Virgil (+ 784) vom Herzog 745 als Oberhirte eingesetzt.[115] Könige und Kaiser ordneten auch weiterhin das Kirchenwesen. Ohne den fränkischen König bzw. römischen Kaiser Karl wäre 798 der Salzburger Bischof Arn nie Erzbischof, die Drau 811 nie kirchliche Provinzgrenze geworden. Aber Bonifatius lebte und starb als Zeuge für ein an sich „kanonisches" Prinzip. Die Friesenmission, die ihm den Märtyrertod bereitete, entsprach zwar den Idealen und Wünschen seiner jüngeren Mannesjahre. Aber als bestellter Reformer des fränkischen Episkopats war der Erzbischof von Mainz und päpstliche Legat an den eigenkirchlichen Strukturen und Gebräuchen seiner Zeit gescheitert. Während Pippin III. ohne ihn den „weltgeschichtlichen Bund mit dem Papsttum" schloß, starb Bonifatius in Friesland durch heidnische Hand.[116] Wir wollen damit nicht sagen, daß er etwa aus Enttäuschung oder gar verbittert in die Friesenmission gegangen sei. Aber er war in der großen Kirchenpolitik zumindest entbehrlich geworden. Mainz wußte er in den Händen seines Schülers Lullus recht versorgt. In den Tagen Gregor VII. (+ 1085) wäre er ein guter „Gregorianer" geworden.

---

114 Karl Friedrich Hermann, *Die Salzburger Kirche. Kirchliches Leben*, in: *Geschichte Salzburgs*, hrgb. Heinz Dopsch, Hans Spatzenegger, Bd. I/2 (Vorgeschichte, Altertum, Mittelalter), Salzburg 1983, 983 - 1001, 985.

115 In der Sammlung der Briefe des hl. Bonifatius ist ein päpstliches Reskript erhalten, das zeigt, daß der Missionserzbischof eine Klage gegen den „Iroschotten" Virgil geführt hatte. Er warf dem Iren angeblich seine Antipodenlehre vor, die er nicht mehr mit der kirchlichen Erbsündenlehre in Einklang bringen konnte; außerdem kritisierte er die mangelhafte Taufformel der Iren. Der Papst beruhigte Bonifatius, indem er die Partei des hl. Virgil ergriff. Michael Tangl (Hrgb.), *Die Briefe des heiligen Bonifatius und Lullus*, Berlin 1916 (MGH *in usum scholarum*, Epist. selectae I). Epist. 68 vom 1. Juli 746, Papst Zacharias an Bonifatius. Dem Streit lagen aber als wirkliche Ursache sicher die "unkanonische" Bestellung Virgils durch Herzog Odilo zugrunde. Bonifatius sah sich in seiner Zuständigkeit umgangen.

116 J. Semmler, Art. „Bonifatius (Winfrid)", in: LexMA 2 (1983), 417 - 420, 419.

ZEHNTES KAPITEL

Der historische Kern der „Konstantinischen Schenkung": ein halbes Millenium Primatsgeschichte?[117]

(1) Das *Constitutum Constantini* gehört zu den berühmtesten „Fälschungen" des Mittelalters. Seine Unechtheit wurde durch den späteren Kurienkardinal Nikolaus von Kues (1433, + 1464) und dem päpstlichen Skribenten Laurentius Valla (um 1440, + 1457) unabhängig von einander festgestellt.[118] Der Fälschungsbegriff einer Zeit, in der die meisten Rechtsgeschäfte zunächst mündlich abgeschlossen wurden, unterscheidet sich bekanntlich erheblich vom modernen. Vielfach bestanden Dokumente dieser Art in der vordatierten, narrativen Ausschmückung eines angestrebten, zumindest mündlich bestehenden und als rechtens befundenen Besitzstandes.

(2) Angewendet auf unsere Urkunde bedeutet das, daß ihr Verfasser die Rechtsstellung des Papstes nach dem Langobardenkrieg der Franken und der sgn. „Pippin'schen Schenkung" (756)[119] im Auge hatte. Dadurch wäre der Papst wenigstens nominell und symbolisch in den Besitz von oströmischem Kaiserland gelangt. So machte er bereits Kaiser Konstantin - nicht ganz unbegründet - auch für den Stand des alten *Patrimonium Petri* mit seinem auch von der Familie Gregor des Großen (+ 604) stammenden, weiträumigen Streubesitz in Süditalien, Sizilien, Afrika, Sardinien und Korsika namhaft. Tatsächlich hatte der Kaiser ja wirklich Silvester I. (+ 335) große Stiftungen gemacht.

(3) Dazu wird die „kaiserlose Zeit" (nach 476) und die Tatsache, daß Kaiser Konstantin der Große (+ 337) seine Hauptresidenz tatsächlich (326/330) nach Byzanz verlegt hatte, durch eine Legende erklärt: Der von Petrus geheilte Kaiser habe sich nicht für würdig erachtet, neben dem Nachfolger des Apostelfürsten zu herrschen. Die weltliche Gewalt, die dem Bischof von Rom (und übrigens auch anderen Bischöfen)

---

[117] Horst FUHRMANN (Ed.), *Constitutum Constantini,* in: MGH, *Fontes iuris* 10 (1968). Carl MIRBT, Kurt ALAND (Ed.), *Constitutum Constantini* (=CC), in: *Quellen,* aaO, Bd 1, 251 - 256, Nr. 504.

[118] Horst FUHRMANN, Art. „Konstantinische Schenkung", in: LexMA 5 (1991), 1385 - 1387, 1386.

[119] Th. Franz X. NOBLE, Art. „Pippinische Schenkung", in: LexMA 6 (1993), 2171 f.

im Laufe der zweiten Hälfte des 4. Jahrhunderts zugefallen war, wird ausdrücklich als „potestas et ditio" bezeichnet. Das waren die historisch gewordenen Fakten, welche die imperialen Zeichen (als *imitatio imperii*) ausdrücken sollten: Ohne ein wirklicher Kaiser zu sein, trage der Papst allerdings kaiserliche Symbole, benütze zur Repräsentation ein kaiserliches Zeremoniell und wohne im kaiserlichen Lateranpalast. Die dazugehörige Basilika sei „Haupt und Scheitel aller Kirchen auf dem ganzen Erdkreis"[120]. In diesem Zusammenhang dient es nur mehr zur Verdeutlichung des schon Gesagten, daß der Papst die „Pentarchie" der Patriarchen (Rom, Konstantinopel, Antiochien, Alexandrien und Jerusalem) anführte und im Okzident neben dem apostolischen Petrusamt noch das einzige und zunächst ausschließliche Patriarchat inne hatte.[121] Denn das war der Entwicklungsstand, der als sgn. 28. Kanon des Konzils von Chalzedon (451) bekannt wurde.[122] Der Papst hatte schon damals die „Bestrebungen des Bischofs von Konstantinopel" zurückgewiesen, als Bischof von „Neurom" den Vorsitz zu führen.

(4) Es läßt sich unschwer zeigen, daß die Päpste nicht erst seit dem Investiturstreit jene kaiserlichen Vollmachten für sich beanspruchten, die zunächst zu den „staatskirchlichen" Hoheitsrechten des Kaisers gehörten. Dazu gehörten vor allem die Einberufung von Konzilien, die Erstellung von Trennungslinien zwischen den Kirchenprovinzen, die Errichtung von neuen Kirchensprengeln und die Festlegung von Bistumsgrenzen, um nur einige Beispiele zu nennen. Das heißt, was man gern mit gruseligem Unterton als eine „Papstfälschung" bezeichnete, war ein subtiles Dokument der „Rechtsverwahrung": Selbst wenn Papst Leo III. Kaiser Karl den Großen (811) nicht hindern konnte (und vielleicht auch nicht wollte), die Drau als Grenze zwischen den Kirchenprovinzen Aquileia und Salzburg festzulegen, so übte Karl zwar sein „kaiserliches" Hoheitsrecht mit Billigung des Papstes aus. Die kaiserlichen Insignien des Papstes sollten aber zeigen, daß diese „kanonischen" Rechte und Pflichten eigentlich der Papst wahrnehmen müsse - zwar nicht „als" Kaiser, allerdings „wie ein Kaiser"[123].

---

120 „... caput et verticem omnium ecclesiarum in universo orbe": CC, Nr. 504, § 13, aaO, 254.

121 CC, Nr. 504, §12, 253 f.: „principatum".

122 Pierre Thomas CAMELOT, *Ephesus und Chalcedon*, Mainz 1963 (= Geschichte der Ökumenischen Konzilien, hrgb. Gervaise DUMEIGE, Heinrich BACHT 2), 181 ff., 264, 270 f. (Brief Papst Leos I. an das Konzil von Chalzedon).

123 „... honorificentia imperialis": CC, Nr. 504, § 11, aaO, 253.

(5) Silvester und seine Nachfolger sollten nach dem Willen des Kaisers an den Besitz gebundene "Jurisdiktion" im Bereich des gesamten Imperiums ausüben. Der verliehene Streubesitz fand sich in der ganzen „Ökumene", auch im Bereich des kirchlichen Orients, in drei Kontinenten, bei Juden, Griechen und Barbaren („in Judäa, Griechenland, Asien, Thrazien, Afrika und auf den Inseln"[124]). Konstantin hatte übrigens tatsächlich dem Papst auch die Grabeskirche in Jerusalem geschenkt, ein Umstand, der später wiederum in der Rechtfertigung der Kreuzzüge als Motiv aufgegriffen wurde.[125] Nach eigenkirchlicher Rechtsvorstellung übt der „Grundherr" eine übergeordnete Gewalt aus, auf dessen „Eigen", Grund und Boden eine Kirche steht, versorgt und erhalten wird.[126]

(6) Wenn wir zusammenfassend auf diese Periode der Spätantike und des heraufkommenden frühen Mittelalters zurückblicken, dann kann man die Entstehung des *Patrimonium Petri* als etwas relativ Neues betrachten. Vor allem war sie neu im Vergleich mit der Entwicklung, welche die östlichen Patriarchate nahmen. Byzanz hätte die okzidentale Entwicklung nie geduldet, vor allem aber hatte die funktionsfähige kaiserliche Gewalt subsidiäre Ersatzformen wie die der westlichen Stadtherrschaft der Bischöfe überflüssig gemacht. Ganz so neu waren aber die weltlichen Befugnisse der Bischöfe und des Papstes auch wieder nicht, wenn man an deren sehr frühe Ausübung der zivilen Gerichtsbarkeit im *Imperium* denkt. Gleichzeitig wurde aber die vergleichsweise geringe „weltliche" Macht der Päpste zum Symbol für den kanonischen Anspruch der geistlichen Primatialgewalt auch in jenen Bereichen, die sehr früh als vom christlichen Kaiser usurpiert angesehen wurden: in der Obergewalt über die ökumenischen Konzilien, in der Ordnung der Kirchensprengel, in der „Personalpolitik" anläßlich der Besetzung der höchsten kirchlichen Ämter und im höchsten päpstlichen Hirtenamt überhaupt, d. h. im „Summepiskopat", um etwas anachronistisch den späteren Begriff zu verwenden.

---

124 CC, Nr. 504, § 11, 253.

125 Jerusalem, durch das Blut Christi erkauft, *dominium Christi*, von der Kirche verwaltet, wie es etwa Bernhard mit den „Gregorianern" während des zweiten Kreuzzuges sah: „salve igitur civitas sancta, quam ipse sanctificavit sibi tabernaculum suum Altissimus, ...": Tpl, 11, in: *Werke* 1, 288 - 291. <„Terra sancta>, quam <Christus> dedicavit sanguine suo": Ep 363, 1, in: *Werke* 3, 650 f.; Ep 288, 1, in: *Werke* 3, 446 f. Vgl. Gerhard B. WINKLER, *Bernhard von Clairvaux*. Die eine und umfassende Kirche - Einheit in der Vielheit, Innsbruck 1991, 96, 98 ff.

126 „... ecclesia fundum sequitur": Isnard FRANK, *Kirchengeschichte des Mittelalters*, Düsseldorf 1984, 35 - 39.

ELFTES KAPITEL

Metropolitangewalt und Petrusamt: im Zeitalter der Pseudoisidorischen Dekretalien (des 9. Jahrhunderts).

(1) Durch die inselsächsische Missionstätigkeit hatte der Papst von den Britischen Inseln über das ostfränkische Reich bis Sizilien nicht nur dem theoretischen Anspruch nach, sondern auch tatsächlich die Stellung eines Patriarchen erlangt, wie sie das *Constitutum Constantini* (§ 12) vorsah.[127]

(2) Nun gab es aber die alte westgotische Kirche der iberischen Halbinsel und die gallische Kirche, die diese engen Bindungen nicht kannte. Ausdruck für diese weitgehende „Autokephalie" war die Synodentätigkeit unter Vorsitz des Metropoliten und unter der Ägide der jeweiligen Könige. In Hispanien und Gallien wurden auf den regelmäßigen Synoden sogar dogmatische Entscheidungen erlassen, von denen man erwartete, daß Rom und die Gesamtkirche sie einfach zur Kenntnis nimmt.[128] Die gesamtkirchliche Bedeutung der spanischen Kirche wurde aber nach 711 (wie die der afrikanischen nach 679) durch die Maurenherrschaft erheblich beeinträchtigt.

---

127 „..., ut principatum teneat, tam super quatuor praecipuas sedes Antiochenam, Alexandrinam, Constantinopolitanam et Hierosolomitanam, quamque etiam super omnes universo orbe terrarum Dei ecclesias; ... Iustum quippe est, ut ibi lex sancta caput teneat principatus, ubi sanctarum legum institutor, Salvator noster, beatum Petrum apostolatus obtinere praecepit cathedram, ...": Carl MIRBT/Kurt ALAND (Ed.), *Quellen*, aaO, 251 - 256, 253 f.: Nr. 504, § 12. - Der Verfasser bezeichnet hier den geistlichen Vorrang des Papstes über die Pentarchie und den gesamten Klerus der Christenheit ähnlich wie die quasikaiserliche „Auszeichnung" („honorificentiam imperialem") von § 11 als „Prinzipat" und den Nachfolger Petri als „princeps". Das Weltliche und das Geistliche erscheint demnach nicht scharf getrennt.

128 Zu den bekanntesten „Dogmen" dieser Provinzialsynoden gehört etwa die Gnadenlehre des zweiten Konzils von Orange (529), die durch Bestätigung des Papstes BONIFATIUS II. (DH, Nr. 398 - 400) gesamtkirchliche Gültigkeit erlangte (DH, Nr. 370 - 397). Im „Bekenntnis König Reccareds" distanzierte sich die dritte Synode von Toledo (589) vom Arianismus (DH, 470). Auf der Synode von Braga (Portugal) wurden z. B. 561 priszillianistische Lehren verurteilt (DH, 451 - 464). Vgl. Odette PONTAL, *Die Synoden im Merowingerreich*, Paderborn etc. 1986 (=*Konziliengeschichte*, hrgb. Walter BRANDMÜLLER).

(3) Die fränkischen Synoden waren nicht ganz so selbstbewußt, obwohl sie den alten Reichssynoden nachgebildet waren. Aber die gesamte Kirchendisziplin, Kirchengründung, Sprengeleinteilung etc. wurde synodal geregelt. Der fränkische König wurde als zweiter Konstantin aufgefaßt. Nun verkam unter dem Einfluß der Königsherrschaft das ursprünglich kollegiale Prinzip immer mehr. Die Bischöfe waren nur mehr „kollegial" insofern, als sie als Gefolgsleute des Königs fungierten.

(4) Karl d. Gr. wollte nun die Metropolitanverfassung wieder aktivieren, aber nicht mehr im Sinne der alten Kirche, wo der Metropolit zwar grundsätzlich Aufsichtrechte wahrnehmen mußte, in Wirklichkeit aber vielfach als *Primus inter pares* amtierte. Früher war die Bischofsversammlung die nächst höhere Instanz für einen Bischof, jetzt wurde diese ein vom König bestellter Würdenträger. Durch die Neuerung wurde dieser neue Metropolit auch als Vollstrecker des königlichen Willens von den Suffraganen als Bedrückung empfunden. Wenn eine imposante Persönlichkeit wie der Erzbischof Hinkmar von Reims (+ 862) den Suffraganbischöfen gegenüber die Kirchenpolitik des Königs vertrat, wurde das verständlicher Weise von diesen als ungebührliches System empfunden. Verglichen damit konnte eine Stärkung der Autorität des Bischofs von Rom nur als befreiend begrüßt werden. D. h., die anonymen Verfasser der Pseudoisidorischen Dekretalien und ihre Gewährsleute aus den Rängen der Bischöfe (von Soissons, Laon u. a.) suchten mit Hilfe der päpstlichen Primatsidee nicht nur „Emanzipation", d. h. etwas mehr Spielraum für ihre eigene Amtsführung, sondern sie durchschauten bereits sehr früh die Gefahren eines „unkanonischen" Staatskirchentums. Übrigens beanspruchte der Erzbischof von Sens, der berühmten Konzilsstadt südöstlich von Paris, den Titel eines päpstlichen „Vikars" für Gallien und Germanien.[129]

(5) In Wirklichkeit bestimmte der König das kirchliche Geschehen wie ein Eigenkirchenherr (auch mit Hilfe der Metropoliten). So errichtete Karl der Große noch die sächsischen Bistümer Paderborn, Osnabrück, Münster, Bremen, Minden, Verden und bestimmte 811, wie schon erwähnt, die Drau als Grenze zwischen den Provinzen Aquileia und Salzburg. Das entsprach nicht mehr dem geltenden Kirchenrecht. Hier soll noch einmal der seltene Fauxpas König Karls erwähnt werden, den Konzilsbeschluß (von Nikaia 787) von der Erlaubnis der Bilderverehrung („προσκύνησις ... proskynesis) zu widerrufen. Dieses System der

[129] M. Bur, Art. „Reims", in: LexMA 7 (1995), 657 - 662, 658.

fränkischen Kirche hatte schon hundert Jahre zuvor der hl. Bonifatius als zutiefst reformbedürftig erachtet, es aber nicht zu ändern vermocht.

(6) Das waren nun die Voraussetzungen, unter denen die Pseudoisidorischen Dekretalien um 850 im Umfeld der Reimser Suffragane entstanden sind. Es handelte sich um eine Sammlung echter und gefälschter Dokumente, in denen die Rechte des Papstes zuungunsten des Metropoliten Hinkmar von Reims (+ 882) aufgewertet wurden.[130]

(7) Ein Bischof dürfe jederzeit an den Papst appellieren. Lokalkonzilien bekämen erst durch die päpstliche Bestätigung Rechtskraft. 798 hatte es in dem Salzburger Dekret Leos III. (+ 816) geheißen, der neue Erzbischof habe früher mit den Suffraganen wie unter gleichrangigen Brüdern gelebt, jetzt müsse er im Namen des Stuhles Petri das Amt eines „Wächters" wahrnehmen.[131] In einer Salzburger Fälschung um 870/880 hieß es dann ähnlich, daß das Amt des Metropoliten Ausfluß der päpstlichen Vollgewalt sei, wie die Überreichung des Pallium anzeige. Dazu kam das Ernennungsrecht für die ersten Bischofsstühle der Christenheit. Papst Gregor II. betraute bereits am 15. Mai 716 den Bischof Martinianus, den Presbyter Gregorius und den Subdiakon Dorotheus in einer Gesandtschaft an den bayerischen Herzogshof mit eingehenden Instruktionen, nach Beratung mit anderen Bischöfen entsprechende Bischöfe und, falls möglich, einen Erzbischof einzusetzen, den sodann der Papst bestätigen würde.[132] Es kam damals aus unbekannten Gründen noch nicht zur Errichtung der geplanten Hierarchie, was z. B. 739 Gregor III. durch seinen Legaten Bonifatius teilweise gelang.[133] Die Metropoliten hätten sich demnach als geborene „Legaten"

---

130 Horst FUHRMANN, Art. „Pseudoisidorische Dekretalien", in: LexMA 7 (1995), 307 - 309.

131 Schon über ein Jahrhundert, bevor die Salzburger Oberhirten den Titel eines päpstlichen „Legatus natus" annahmen (1123), trug Leo III. im April 798 den Bischöfen der bairischen Kirchenprovinz auf, dem zum Metropoliten und Erzbischof erhobenen Bischof Arn von Salzburg als „Bruder und Mitbischof" des Papstes zu betrachten, obwohl er früher bloß ihr Mitbischof gewesen sei: SUB II, s. 3 f, Nr. 2a; übersetzt von Heinz DOPSCH, in: *1200 Jahre Erzbistum Salzburg. Dom und Geschichte*, Fs. hrgb. Domkapitel Salzburg, Salzburg 1998, 25 f. Der Papst verlieh auch prinzipiell das Besetzungsrecht über die „ecclesias subiectas" Passau, Regensburg, Freising und Brixen. Er drückte damit indirekt sein eigenes angestammtes Recht aus, obwohl das praktisch nicht durchführbar war.

132 *Liber Pontificalis*, ed. Louis DUCHESNE I, Paris, Zweite Aufl. 1907, 398. JE 2153; GP I, 387, n. 1. Heinrich SCHMIDINGER, *Patriarch im Abendland*, aaO, 198 ff. KARL FRIEDRICH HERMANN, *Die Salzburger Kirche. Kirchliches Leben*, in: *Geschichte Salzburgs*, hrgb. HEINZ DOPSCH, HANS SPATZENEGGER, Bd. I/2 (Vorgeschichte, Altertum, Mittelalter), Salzburg 1983, 983 - 1001, 985.

133 Herwig WOLFRAM, *Die Zeit der Agilolfinger*, in: Heinz DOPSCH etc. (Hrgb.), *Salzburg*, aaO I/1 (1981), 135 f.

des Papstes verstehen sollen, wie das 798 bei der Ernennung des Erzbischofs Arn von Salzburg ganz deutlich wird. Diese geistliche Sicht des Metropolitenamtes war unter den letzten Karolingern eigentlich verloren gegangen. Nicht der Papst wie etwa Leo III., sondern der König sollte den „Metropoliten" bevollmächtigen.

(8) Papst Nikolaus I. (858 - 867) war eine ausnehmend starke Persönlichkeit. Er hatte von der Rechtssammlung Pseudo-Isidors guten Glaubens Kenntnis erlangt und in ihr sogleich seine Auffassung vom päpstlichen Amt bestätigt gefunden. Während Hinkmar von Reims dem Papst nur ein subsidiäres Recht gewährte, in entfernten Kirchenprovinzen einzugreifen, sah Nikolaus seine Befugnisse schon umfassender. Die in der Ehesache König Lothars verwickelten Erzbischöfe von Köln und Trier setzte er ohne viel Federlesen ab. Den Bischof von Soissons setzte er wieder ein. Im Bischofsstreit von Konstantinopel entschied er, weit über sein Patriarchat des Westens hinausgreifend, gegen Photios (+ 895), den Patriarchen von Konstantinopel.[134]

(9) Zusammenfassend kann man sagen, daß in den Pseudoisidorischen Dekretalien das Metropolitenamt wieder wie etwa bei Gregor II., Gregor III. und Leo III. als Ausfluß des päpstlichen Aufsichtsamtes gesehen wird, daß vor allem schon im frühen Mittelalter die Entschlossenheit des Papsttums offenbar wurde, mit Entschiedenheit den Fürsten die unkanonische Kirchenhoheit abzusprechen und insofern in ihr „Erbe" einzutreten. Einfach ausgedrückt, könnte man sagen, namhafte Päpste bereits des 8. Jahrhunderts dachten nicht daran, das Metropolitenamt zum Instrumentar der weltlichen Großen verkommen zu lassen. Das heißt, das altchristliche Metropolitenamt wurde nicht durch die Pseudoisidorischen Dekretalien um seine Machtfülle gebracht, wie das auch heute noch oft formelhaft weitergegeben wird[135], vielmehr wurden „moderne" staatskirchliche Entwicklungen wieder auf die ursprünglich kanonischen Formen zurückgeführt.

(10) Das Jahrhundert der Karolinger brachte auch die Frage der päpstlichen Immunität wieder ins Bewußtsein, die seit der Ostgotenherrschaft und den Päpsten Gelasius (+ 496) und Symmachus (+ 514) ausformuliert worden war. Der Grundsatz lautete, die höchste Autorität dürfe von niemanden gerichtet werden: „Summa sedes a nemine iudicetur." Anlaß war der bekannte Prozeß gegen Leo III., der von

---

[134] Eugen Ewig, *Die Kirche im Abendland vom Tod Ludwig des Frommen bis zum Ende der Karolingerzeit*, in: HKG III/1 (1985), 160 - 172, 163.

[135] Peter Landau, *Die Rechtsstellung des Metropoliten in der Geschichte des Kirchenrechts*, in: 1200 Jahre Erzbistum Salzburg, Fs. Salzburg 1998, 173 - 184.

König Karl niedergeschlagen wurde. Darauf folgte die Kaiserkrönung am Weihnachtstag 800. Dem Ereignis liegt das prinzipielle Problem weltlicher Einflußnahme auf das höchste geistliche Amt zugrunde, die Frage des eigenen Gerichtsstandes des Klerus im allgemeinen und die Frage der Amtsenthebung des Papstes insgesamt.[136]

(11) Bis 1179 waren vor allem die Kriterien einer gültigen Papstwahl nicht eindeutig und praktikabel. Man kannte noch nicht das unverfänglichere Mehrheitswahlrecht, vielmehr glaubte man an dem menschlich verständlichen, aber schwer praktikablen Recht der *pars sanior* festhalten zu müssen. Immerhin waren jeweilige „Gegenpäpste" auch potentielle Päpste. Der Mensch des früheren Mittelalters, der noch von der neueren Rechtsgelehrsamkeit unberührt war, wußte die Diskrepanz zwischen Idealvorstellungen und einer ganz anderen Wirklichkeit ohne große Bedenken auszuhalten. Das konnte jedoch kein Dauerzustand sein.

(12) Die Forderung nach päpstlicher Immunität wurde vor allem in den Vorgängen des von Cäsar Baronius als *Saeculum obscurum* bezeichneten Zeitalters (880 - 1046) zur bloßen Theorie, wenn nicht zur Farce. Theoretisch besaß der Papst politische und rechtliche „Immunität". Praktisch schreckten Pöbel und Stadtherren nicht davor zurück, sogar noch verstorbene Päpste zu exhumieren, zu richten und zu schänden, wie das Leichengericht über den Papst Formosus (+ 896) zeigt.[137] Man kann mit Fug und Recht eines aus dieser Krisenzeit schließen, daß der weitgehende Verlust der Stadtherrschaft in Rom und aller Hoheitsrechte im *Patrimonium* das Papsttum damals keineswegs zu einer höheren moralischen, geistlichen und pastoralen Autorität führte. Das Gegenteil war eher der Fall. Zu denken ist konkret etwa an die Herrschaft des Theophylakt, der Titel und Würden des staatlichen Oberhauptes (eines *dux, senator Romanorum* und Konsuln), obendrein eines „Kämmerers" (*vestiarius*) des Papstes Sergius III. (+911) und dessen Militärsbefehlshabers (*magister militum*) für sich beanspruchte.[138]

---

136 Carl Mirbt/Kurt Aland, *Quellen*, aaO, Gelasius I.: Nr. 463; Symmachus Nr. 468/20 <„Nemo enim diiudicet">, Leo III,: Nr. 510 und 511. Diese fand bei Gratian (Mitte des 12. Jahrhunderts, + um 1179) Eingang in das kanonische Recht: Mirbt, ebd. Nr. 586 als eine der Voraussetzungen der spätmittelalterlichen Geschichte der Konziliaren Idee.

137 Eugen Ewig, *Der Niedergang von Papst- und Kaisertum* (875 - 904), in: HKG III/1 (1985), 177.

138 Friedrich Kempf, *Die Kirche in Frankreich, Italien und Deutschland* (900 - 946), in: HKG III/1 (1985), 226.

ZWÖLFTES KAPITEL

Der Stand des Papstverständnisses im *Dictatus papae* (1075).

(1) Für die Gregorianer der ersten Stunde war die Synode von Sutri (1046) ein Schockerlebnis gewesen. Kaiser Heinrich III. (+ 1056) hatte drei rivalisierende Päpste abgesetzt, unter anderem auch Gregor VI. (+ 1046). Die Reihe der zwar aus dem Reichsepiskopat stammenden deutschen Päpste der Folgezeit waren gleichwohl nicht gesonnen, die „eigenkirchlichen" Traditionen, aus denen sie kamen, weiterzuführen. Denn sie machten das Gewohnheitsrecht des Eigenkirchenwesens mit einer beachtlichen Zahl auch der Reichsbischöfe für den Niedergang des Papsttums im „dunklen Jahrhundert" (*saeculum obscurum)* und für die sonstigen Schäden der Kirche verantwortlich. Das erste Ziel bestand darin, die Papstwahl als eine rein „kanonischen" Angelegenheit zu betrachten (1059) und das sgn. „römische Volk", den *„populus Romanorum,* nach Möglichkeit auch den Kaiser vom Wahlvorgang fernzuhalten. Der nächste Schritt, auch die Besetzung der Bischofsstühle dem Einfluß der „Laien" zu entziehen, lag in der Logik der Entwicklung.

(2) Diese wollte nun Gregor VII. (1073 - 1085) durchführen. Dafür brauchte er Argumente aus der kirchlichen Tradition. Diese sind nun im sgn. *Dictatus papae* (1075) zusammengestellt, über dessen literarischem Charakter die Lehrmeinungen auseinandergehen. Die überlieferten 27 Thesen könnten sogar als Kapitelüberschriften für eine geplante Monographie über das Papsttum gedient haben - oder wahrscheinlicher als Liste von *Kanones* für eine päpstliche Synode. Unter den Lehrsätzen finden sich kaum Material mit ganz neuen Inhalten. Dazu gehören vielleicht Nr. 12 und 27 über die mögliche Amtsenthebung des Kaisers und die Entbindung der Untertanen vom Treueid. Das war eine neue Anwendung des bis auf Ambrosius von Mailand zurückgehenden Grundsatzes, daß der Kaiser als getaufter Christ zwar nicht in rein politischen Belangen, so doch in Fragen der Kirchendisziplin, „sub specie peccati"[139], der kirchlichen Lösegewalt (Mt 16,18) unterworfen sei.

[139] Über die Erweckung des Jünglings von Naim: „... in similitudine peccati ..." AMBROSIUS von Mailand, *Homiliae* 179, PL 95, 1418.

(3) Nr. 7 besagt, daß der Papst *neue* Gesetze nach den Bedürfnissen der Zeit erlassen dürfe. Das könnte als Neuerung und Beginn des Souveränitätsdenkens aufgefaßt werden, nachdem der Souverän die Quelle allen Rechts wäre. Diese Wende zu einem fürstlichen Absolutismus war aber bei Gregor VII. sicher noch nicht gegeben. Damals hatte der Regierende allerdings immer noch das Recht zu finden, nicht zu „erfinden". Auch Gregor VII. wollte kein „Rechtsschöpfer" im Sinne eines modernen Rechtspositivismus sein. Im Zusammenhang spricht der Verfasser nur von der kanonischen Errichtung von Bistümern und Klöstern.[140] Der Gregorianer Erzbischof Gebhard von Salzburg (+ 1088) kam auf den polemischen Vorwurf, die Gregorianer „erfänden" neues Recht in seinem Brief an den Bischof Heinrich von Metz (1081) ausführlich zu sprechen. Er dürfte das damalige Verständnis von päpstlicher Vollgewalt ziemlich genau wiedergeben. Er sagt, Gregors Forderungen entsprächen insgesamt altkirchlicher kanonischer Tradition, die viel weiter zurückreiche als die eigenkirchlichen Gewohnheitsrechte der Fürsten. Die „Gregorianer" seien deshalb auch nicht eidbrüchig, weil man einen ungerechten oder unmoralischen Eid wie Herodes weder schwören noch halten dürfe. Der Papst betrachte sich nicht als Schöpfer neuen Rechts, sondern als Anwalt des Alten und Ursprünglichen. Nicht die Minderheit der „gregorianischen" Reichsbischöfe seien demnach die „Neuerer", sondern die kaiserlichen. Nur im Notfall könne auch der Papst, wenn es um das konkrete Heil der Seelen gehe, als oberster Hirte auch neue Gesetze schaffen.[141] Im übrigen lassen die Papsttheoretiker und Förderer der gregorianischen Anliegen, keinen Zweifel daran, daß es für den Papst eine schwere Verpflichtung ist, sich auch selbst an die Kirchengebote zu halten und für deren Durchsetzung zu sorgen.[142]

---

[140] Klaus SCHATZ, *Primat*, aaO, 111 f.

[141] GEBHARD VON SALZBURG an Bischof Hermann von Metz (1081), in: MGH, *Epist. sel. II, 2, 564* ff. ed., Erich CASPAR, in: Carl MIRBT, Kurt ALAND, *Quellen*, aaO, Nr. 566, 289 - 295, 294. Lateinisch/deutsch: Irene SCHMALE-OTT (Hrgb.), *Quellen zum Investiturstreit*. Zweiter Teil, Darmstadt 1980, 122 - 173: Die Anhänger Gregors VII. seien rechtsgeschichtlich keine „Neuerer" (§ 4, 127); sie verträten altes Synodalrecht (§ 4, 127). Es gebe auch eine „ungerechte Exkommunikation", wie die Geschichte des Konzils von Nizäa zeige (§ 13, 141), aber „Pastoris sententia sive iusta, sive iniusta timenda" (§ 9, 133). Die Überprüfung einer eventuell ungerechten „sententia" könne nur auf einer Synode erfolgen (§ 15, 145). Die Absetzung Gregor VII., verbunden mit einer Neuwahl, sei widerrechtlich (§ 22, 151). Die Gregorianer seien keine Eidbrüchigen (§ 30, 165; § 2, 124).

[142] BERNHARD VON CLAIRVAUX, *De consideratione* III, 19 - 20, in: *Werke* 1, 754 - 759. Auch der Papst müsse sich als „treuer Verwalter" (*dispensator*), nicht als willkürlicher Herrscher erweisen und so das schlechte Beispiel vermeiden: „At quomodo non indecens tibi voluntate pro lege uti, ...": Csi III, 15 - 18, in: *Werke* 1, 724 - 731. Sogar die Mönchsgelübde verlören für Eugen III. nicht ihre Verbindlichkeit: Csi II, 8, in: *Werke* 1, 770 f. Vgl. Gerhard B. WINKLER, *Bernhard*, aaO, Kap. XII, 181.

(4) Nr. 23 über den Titel „Heilig", der dem Papst kraft seiner Nähe zu Petrus zukomme, wird von manchen Autoren auch als sakramental-mystische Befreiung, Bewahrung von der schweren Sünde und Befestigung im Glauben aufgefaßt. Horst Fuhrmann berichtet, Gregor VII. habe den Standpunkt vertreten, das päpstliche Amt bessere seinen Träger im Unterschied zum weltlichen *regnum*, das auch gute Charaktere verderbe, wie das Beispiel Sauls und Davids zeige.[143]

(5) Die schlichteste Erklärung, die sich aus dem Zusammenhang ergibt, müßte die „Immunitäts"-Forderung sein: Die höchste Instanz werde von niemandem gerichtet („Summa sedes a nemine iudicetur" nach 1 Kor 2,15: Nr. 19) Gegen die Ausschließlichkeit dieser juridischen Deutung würde nur der Umstand sprechen, daß der Verfasser gleich zwei Nummern, nämlich Nr. 19 und 23 dem Thema der Immunität gewidmet hat. Wenigstens zitiert Gregor VII. den Papst Symmachus (+ 514). Dort war es sicher wie bei Leo III. 800 um die Befreiung vor gerichtlicher Haftbarkeit gegangen. Er zitiert aber auch Ennodius von Pavia (+ 521), wo von den Nachfolgern Petri stand, sie „schuldeten dem Himmel *innocentia*"[144], was immer das bedeutete: einen untadeligen Lebenswandel, hohen sittlichen Status oder gar „Gewaltlosigkeit". Karl Schatz überlegt auch, ob das „sanctus" nicht die Befreiung von der öffentlichen Kirchenbuße bedeuten könne. Denn der Büßerstand wäre ja einer Absetzung gleichgekommen. Das hieße, „Der Papst wird mit Recht ‚heilig'" genannt", würde bedeuten: Der Papst darf nicht seines Amtes enthoben werden. An sich ist „sanctus" zunächst gewiß ein rechtlicher Begriff, der die sakrale Absonderung bedeutet.

(6) Wichtig, aber im Prinzip nicht neu war das geforderte Recht zur Absetzung, Einsetzung (Nr. 3) und Versetzung (Nr. 13) von Bischöfen. Absetzung galt allerdings nur bei klagbaren Vergehen und damit Strafwürdigkeit. Eine wichtige Neuerung war das päpstliche Konzil. Nr. 16 bis 18 besagt, daß kein Konzil ohne päpstliche Anordnung „ökumenisch" sein könne. *De facto* war das insofern nicht ganz neu, als ohne

---

143 Horst Fuhrmann, *Die Päpste. Von Petrus zu Johannes Paul II.*, München 1998, 26 f. („Papstname und Heiligkeit des Papstes" 25 - 34. Zit. nach Gregor VII., „Quod ad perferendos" an Bischof Hermann von Metz (1081), in: MGH, Epist. sel. II, 2, 546 ff., 561, Zl. 1 - 6, ed. Erich Caspar, in: Carl Mirbt, Kurt Aland, *Quellen*, aaO, Nr. 566, 289 - 295, 294: „Quodsi ad apostolicam sedem, in qua rite ordinati meritis beati Petri apostoli meliores efficiuntur, qui Deum timent coacti cum magno timore et tremore accedendum est, in quo etiam boni et humiles, sicut in Saul et David cognoscitur, deteriores fiunt." Die gleichzeitigen „Kirchenjuristen" hätten „Heiligkeit" nüchterner als die fürbittende Kraft und Verdienste des hl. Petrus gedeutet.

144 Ennodius von Pavia, *Libellus* II, ed. Hertel, in: CSEL 6, 295 - 316; in: Carl Mirbt, Kurt Aland, *Quellen*, aaO, Nr. 231, 469.

die römische Beteiligung kein Konzil als allgemein anerkannt wurde. Aber der *Dictatus Papae* drängt zusätzlich auf den neuen Typ des „Lateran"-Konzils, einer vom Papst einberufenen, geleiteten, bestätigten und in ihren den Glauben und die Sitte betreffenden Beschlüssen allumfassend verbindlichen Bischofssynode.

(7) Die Unfehlbarkeit der römischen Kirche (Nr. 22) wurde schon vom hl. Irenäus gegen Endes des 2. Jahrhunderts ausgesprochen: „Romana ecclesia numquam erravit."[145] Grundsätzliches Appellationsrecht an den hl. Stuhl (Nr. 20 und 21) und die Zuständigkeit für die *causae maiores* konnte mit den Bestimmungen von Sardika (342/343)[146] begründet werden. Der Gebrauch kaiserlicher Insignien (Nr. 8 bis 11) steht schon im *Constitutum Constantini*.[147] Die Bestimmung, Gesetzen müßten Sanktionen zur Folge haben und die kanonische Strafe der Exkommunikation (Nr. 6) dürfe keine bloße Formalität bleiben, entspricht dem normalen Charakter jedes verpflichtenden Rechtsaktes. Im neuen Synodentyp zeigt sich ganz deutlich, wie an sich rein geistliche und kirchenamtliche Autorität als Nachfolge der kaiserlichen verstanden wird.

(7) Der *Dictatus papae* ist nicht in das allgemeine Kirchenrecht aufgenommen worden. Aber er lieferte bis ins 16. Jahrhundert Handlungsmaximen für die Päpste wie etwa die versuchte Absetzung schismatischer Fürsten. Der Gedanke einer wie immer gearteten Weltherrschaft ist weder Gregor VII. noch seinen Nachfolgern bis 1250 im eigentlichen Sinn nachzusagen.[148] Dazu dachten sie alle noch zu mystisch und symbolhaft. Ein drastisches Beispiel mag dies veranschaulichen: Die portugiesischen Könige zahlten den Mönchen von Pontigny aus Dankbarkeit einen jährlichen Tribut und behandelten die Abtei als Lehensherrin.[149] Das war alles ein schönes Spiel mit Idealen und Höflichkeiten, wie wir sie aus den Schriften von Johan Huizinga ken-

---

145 Vgl. z. B. IRENÄUS, *Adversus haereses*, III, 3, 2 und IV, 26, 2, in: FC 9, hrgb. Norbert BROX, Bd. 3, 30 f. und Bd. 4, 206 f.

146 Im Streitfall wollten die Bischöfe „das Andenken des heiligsten Apostels Petrus ehren....*sanctissimi Petri Apostoli honoremus*": DH, Nr. 133 - 135. Der Papst solle in solch einem Fall, wenn es ihm gut dünkt, ein Gericht zusammenstellen, vor dem sich der angeklagte Bischof rechtfertigen könne.

147 Carl MIRBT, Kurt ALAND (Ed.), *Quellen*, aaO, Bd 1, 251 - 256, Nr. 504.

148 „Das Papsttum begnügte sich nicht länger mit der Rolle eines spirituellen Oberhaupts der Kirche, es beanspruchte nunmehr die Leitung der Christenheit": T. STRUVE, Art. „Gregorianische Reformen", in: LexMA 4(1989), 1686 - 1688, 1687.

149 Pontigny: Louis J. LEKAI, *The Cistercians*. Ideals and Reality, Kent State University 1977, 41 ff.

nen.[150] Für den hl. Stephan von Ungarn (+ 1038) und seine Nachfolger war der Titel „Apostolische Majestät" (1001) auch mehr ein frommes Spiel als die rauhe politische Wirklichkeit. Die häufig genannte päpstliche Lehensherrschaft des 13. Jahrhunderts sollte, politisch gesehen, nicht mehr denn als *flatus vocis* betrachtet werden. Wie wir weiter unten sehen werden, verwahrte sich sogar Bonifaz VIII. (1302) gegen die Unterstellung, er betrachte die königliche Gewalt als schlichten Ausfluß aus der päpstlichen.[151]

(9) Bernhard von Clairvaux schrieb 1148 ff. die fünf „Bücher über die Besinnung" (*De consideratione ad Eugenium papam*), einen großangelegten Papstspiegel, in dem die Entwicklung der Papstidee seit dem *Dictatus papae* eindrucksvoll nachzulesen ist. Er formuliert mit aller Deutlichkeit die Zweischwerter-Lehre, auch den Universalepiskopat (*Dictatus papae,* Nr. 2). Andererseits diagnostiziert er die Gefahren des Jurisdiktionsprimats im Verlust der geistlichen Dimension des Amtes und in politischer Umdeutung. Der „quasi-kaiserliche" Charakter des Papsttums wird zutiefst in Frage gestellt: Seine Gesetze seien nicht die Justinians. Er sei nicht der Nachfolger Konstantins, sondern der des armen Petrus. Er müsse die Fülle der Vollmacht (*plenitudo potestatis)* innehaben, aber für die Hirtensorge („in partem sollicitudinis"). Seine Herrschaft bedeute den Dienst des Hirten (ein *ministerium).* Seine Seele sei in großer Gefahr: Das wahre Leben habe er <Eugen> im Kloster hinter sich gelassen. Das meiste, was er als Papst tun müsse, sei Zeitverschwendung: Von Früh bis Spät beschäftige er sich mit den Streitfällen der ganzen Kirche. Es gäbe nur eine Hilfe: Selbstbesinnung *(consideratio):* d. h. Konzentration auf das Wesentliche und die Frage der *contemptus mundi*-Tradition: „Bist du etwa mit einer Bischofshaube aus dem Schoß deiner Mutter gekommen?"[152]

---

150 Johan HUIZINGA, *Herbst des Mittelalters,* hrgb. Kurt KÖSTER, Stuttgart 1987, 57 - 66 („Die hierarchische Auffassung der Gesellschaft").

151 Alfons STICKLER, *Il Giubileo di Bonifacio VIII. Aspetti giuridico-pastorali,* Rom 1977, 39, Anm. 44 (= Quaderni della Fondazione Camillo Caetani II). Zit. nach: Pierre DUPUY, *Histoire du Differend d'entre le Pape Boniface VIII et Philippe le Bel Roy de France,* Paris 1655, 77.

152 „... nudus egressus es de utero matris tuae": Csi, II, 18, in: *Werke* 1, 690 f.

DREIZEHNTES KAPITEL

Das Papsttum und die *libertas ecclesiae* (1073 - 1294).

(1) Ignaz von Döllinger (+ 1890) meinte seinerzeit, daß durch die Pseudoisidorischen Dekretalien des 9. Jahrhunderts eine geradlinige Weiterentwicklung des Papsttums und der Kirche unterbrochen worden sei. Dieser Traditionsbruch werde nach der Überwindung der Krisen des *saeculum obscurum* im Gregorianismus sichtbar. Die Kirche habe dadurch ihre altchristliche Identität verloren.[153] Da dieses Schema der Interpretation nicht nur in Kreisen der altkatholischen Bewegung lebendig blieb, scheint ihm gegenüber einige Wachsamkeit angebracht zu sein.

(2) Dabei ist kaum anzunehmen, daß dem großen Historisten der entscheidende Wandel entgangen war, den die antike Kirche des Mittelmeerraumes durch den Siegeszug des Eigenkirchenwesens durchgemacht hatte. Die mittelalterliche Adels- und Königskirche, deren Anfänge man bereits um 600 ansetzen kann, war das Ergebnis. Die Präzisierungen und Anwendungen der alten Papstdoktrin durch die Gregorianer waren demnach Reaktion auf eine zivilisationsgeschichtliche Neuerung. Die „neuen" Reformer drückten nur eine richtungweisende Unruhe aus - mit dem Versuch, das mittelalterliche System der von Laien überwachten und betriebenen Eigenkirchen auf allen Ebenen zu verändern und den antiken und mediterranen Verhältnissen anzupassen.

(3) Die Summe all dieser Bestrebungen sind mit dem Namen Gregor VII. (+ 1085) verbunden. Einen Gregorianismus gab es aber schon vor ihm (von 1046 - 1073); er war auch mit dem Tod seines wichtigsten Protagonisten nicht zu Ende. Vordergründig ging es im Gregorianismus zunächst um die Freiheit der Besetzung von Bischofsstühlen. In letzter Konsequenz stand auch das oberste Ordnungsprinzip der Christenheit zur Debatte. Die Alternative lautete: Soll der christliche Kaiser als symbolischer Herr der Christenheit der „Christus Domini"

[153] Z. B.: „Überhaupt darf man für die vorliegende Entscheidung keinen Theologen citiren, der nach der Isidorischen Fälschung gelebt hat": Ignaz von DÖLLINGER, *Römische Briefe vom Konzil („Quirinusbriefe")*, München 1870/Repr. Frankfurt 1968, 461, Nr. 52.

bzw. der „Vicarius Christi" bleiben und als solcher die „Königsherrschaft Gottes" und den „Gottesstaat" Augustins auf dem Erdkreis verkörpern? Oder wäre das nicht doch die Aufgabe des Nachfolgers und „Vikars" Petri mit seinen Himmelsschlüsseln (Mt 16,18)? Die letzte Version hätte auch die Forderung nach einem Minimum von politischer Öffentlichkeit und weltlicher Macht für das Papsttum bedeutet. Wir finden hier den Ansatz jener merkwürdigen Inhalte des *Constitutum Constantini* wieder, welche die Gemüter der Jahrhunderte bewegten: Der Papst erscheint in kaiserlichen Insignien. Dabei ging es nicht um „Imperialismus" im vordergründigen oder gar modernen Sinn, sondern um das Symbol einer gewissen Koordination, Gemeinsamkeit, Ordnungsmöglichkeit und Schiedsrichterrolle sowohl von seiten des Kaisers, als auch vor allem des Papstes. Den letzten betraf vor allem die überzeugende und verbindliche Darstellung der christlichen Botschaft. Die Frage könnte andersherum veranschaulicht werden: Soll der alte Preisgesang der Römer „Christus vincit, Christus regnat, Christus imperat!" das jeweilige Erscheinen des Kaisers ankündigen oder ist er passender Weise beim Auftreten des Papstes anzustimmen? Dieser theologisch - „sakramentale" Aspekt müßte deutlicher gesehen werden, wenn vom Griff Gregor VII. nach der auch politischen „Leitung der Christenheit" gesprochen wird.[154]

(4) Im deutschen Investiturstreit konstituierte sich spontan eine beachtliche Minderheit von „Gregorianern" aus der Gefolgschaft der Reichsbischöfe um Heinrich IV., deren Formierung nicht nur machtpolitisch zu erklären ist. Etwa ein Drittel des Reichsepiskopats wie Gebhard von Salzburg, Altmann von Passau, Adalbero von Würzburg, Hartwig von Magdeburg u. a. gingen auf Opposition zu dem Salier und erklärten sich eindeutig für den Papst. Ihr führender Kopf Erzbischof Gebhard (+ 1088) war unter dem Salier Heinrich III. noch Leiter der Hofkapelle gewesen, hatte Heinrich IV. noch anläßlich des Sachsenaufstandes unterstützt und wurde bis zuletzt auch von seinen Gegnern geachtet.[155]

(5) Nun beobachtet man im 12. Jahrhundert eine ganze Reihe von rechtlichen Vorgängen, Einrichtungen und Gepflogenheiten, durch die Papsttum und römische Kurie Maßnahmen in beachtlichen Teilen der

---

[154] „Das Papsttum begnügte sich nicht länger mit der Rolle eines spirituellen Oberhaupts der Kirche, es beanspruchte nunmehr die Leitung der Christenheit": T. STRUVE, Art. „Gregorianische Reformen", in: LexMA 4(1989), 1686 - 1688, 1687.

[155] „Auch nach dem Tod Heinrichs III. blieb Gebhard dem salischen Haus treu ergeben": T. STRUVE, Art. „Gebhard", Erzbischof von Salzburg, in: LexMA 4 (1989), 1163 f., 1163.

Christenheit setzen mußten, die den Charakter des römischen Universalepiskopats ausdrückten. Da wurde eine wachsende Flut von Appellationen und Prozessen an die Kurie gezogen. Bernhard von Clairvaux (+ 1153) polemisiert über Kleriker und Laien, die wegen aller möglichen Rechtshändel die Kurie behelligten, vielfach auch um Zeit zu gewinnen. Aber allgemein dürfte gelten, daß man sich vom päpstlichen „Zentralismus" eher sein Recht erwartete als von lokalen Jurisdiktionsträgern. Auch Heterodoxe wie etwa Petrus Abaelard (+ 1142) dachten, in Rom glimpflicher davonzukommen als zu Hause.[156]

(5) Die Klöster suchten seit den Tagen von Cluny (910) um päpstliche Schutzbriefe an, wenn schon nicht um die volle Exemtion. Die Befreiung von der bischöflichen Jurisdiktion wäre in der Klostergeschichte der ersten Jahrhunderte bis Benedikt eigentlich undenkbar gewesen. Reformmönche, die sich am Altertum orientierten, fingen auch immer als leidenschaftliche Gegner der Exemtion an, um im Lauf der Dinge sehr schnell die Rechtsfigur dankbar anzunehmen, daß ihr eigentlicher Bischof der Papst sei. Das bedeutete die frühe Konkretisierung der späteren Lehre von der päpstlichen *potestas directa.*

(6) Die Ordensinquisition des 13. Jahrhunderts (1231) ist zwar noch nicht identisch mit der römischen der Spätrenaissance (1552). Aber sie war auch ein typischer Fall von Exemtion. Die ursprüngliche Befugnis und Pflicht der Bischöfe, Ketzer auszuforschen und zu richten, sollte durch den päpstlichen Auftrag umgangen werden. Es war auch keine Frage, daß diese Art von Ketzerbekämpfung vor allem durch Dominikaner und andere Mendikanten wirksamer war als die entsprechenden bischöflichen Nachforschungen.

(7) Die neuen Bettelorden, Dominikaner und Franziskaner zunächst trugen auch zur Stärkung des päpstlichen Primats bei. Diese finden zunächst im städtischen Milieu und in dem durch dieses ermöglichten Mendikantentum die wirtschaftlichen Voraussetzungen, sich dem Herrschaftssystem des Mittelalters zu entziehen. Sie bemühten sich, ohne einen herrschaftlichen Grundbesitz *(dominium)* wie die alten Orden auszukommen. Dadurch erreichten sie, nicht mehr im Sinne des Feudalsystems als „Herren" *(domini)* mit einer "Grundherrschaft" *(dominatus)* betrachtet zu werden. Nun findet sich bei Franziskus entschieden die Ablehnung der „freien Predigt": Das bedeutet, positiv

156 BERNHARD VON CLAIRVAUX, *De consideratione*, III, 6 - 12, in: *Werke* 1, 710 - 719. Das Gesagte wird vielfältig bestätigt und belegt durch Othmar HAGENEDER, *Das Papsttum und die mittelalterliche Christenheit*, in: Fs. Rudolf Zinnhobler, hrgb. Herbert KALB, Roman SANDGRUBER, Linz 2001, 41 - 54, 46 ff. <„Appellationen">.

ausgedrückt, sehr wohl Einordnung in die bischöflich verfaßte Kirche.[157] Gleichzeitig sprengte aber das Mendikantentum das diözesane Territorialprinzip in vielfältiger Weise. So bot sich wiederum der Papst als der eigentliche Bischof an. Er übernimmt in rechtlicher Fiktion letztlich die Trägerschaft für den nötigen Besitz der Franziskaner. Wir haben in den Franziskusregeln erstmals in der Regeltradition den Papstgehorsam verankert.[158] Das wäre früher undenkbar gewesen. Man könnte etwas anachronistisch sagen, das Papsttum habe so direkten Einfluß auf die Stadtseelsorge gewonnen. Während in der alten Kirche die Bischöfe den Prediger-„Orden" darstellten, das hohe Mittelalter noch besonders die „Kanoniker" standesgemäß als die eigentlich für die Predigt Ausersehenen betrachtete[159], übertrug das Vierte Laterankonzil (1215) Mendikanten wie den Dominikanern dieses Amt in besonderer Weise[160]. Die alten Orden waren mit Pietätspflicht und "Obedienz" stärker an ihre feudalen Stifter gebunden, die Bettelorden richteten sich im allgemeinen mehr auf das Papsttum aus und trugen auch zur Entwicklung des Lehrprimats der Päpste und der Infallibilitätslehre erheblich bei.[161] Die Augustiner-Eremiten führten sich unmittelbar auf eine päpstliche Gründung des 13. Jahrhunderts zurück. Andererseits kam auch der große Aufstand gegen das Papsttum bereits im 14. Jahrhundert aus dem Bereich der „Spiritualen", d. h. spirituell gesinnter Franziskaner.

---

157 Die Spiritualität der *Missio canonica* der ersten Franziskaner: Die Regeln des Franziskanischen Ersten Ordens, <Non Bullata> c. 17, hrgb. Laurentius CASUTT, in: Hans URS VON BALTHASAR, *Die großen Ordensregeln*, Einsiedeln 1974, 261 - 321; 266 (Einleitung); „Von den Predigern": „Kein Bruder darf gegen die Form und Vorschrift der Kirche ... predigen": 302 - 303; <Bullata> c. 19, „Von den Predigern": „Die Brüder dürfen in einem Bistum nicht predigen, wenn es ihnen der Bischof untersagt hat": 319 f.

158 Papstgehorsam als Gelübde: „Bruder Franziskus, und wer immer Haupt dieses Ordens sein wird, soll dem Herrn Papst Innozenz und seinen Nachfolgern Gehorsam und Ehrfurcht geloben": *Die Großen Ordensregeln*, hrgb. Hans URS VON BALTHASAR, *<Non bullata> Prolog*, aaO, 287.

159 Vgl. Zu Predigern und „Kanonikern" bei Bernhard: Gerhard B. WINKLER, *Bernhard*, aaO, KAP. (XI), 208 - 219.

160 Vgl. Laurentius CASUTT, *Einleitung* oben Anm. 157. Das Thema „Predigt" auf dem Vierten Laterankonzil (1215), c. 10: „De predicatoribus instruendis": J. LONGÈRE, Art. „Predigt", in: LexMA 7 (1995), 172

161 Der Einfluß der franziskanischen Armutbewegung auf die Lehre von der päpstlichen Unfehlbarkeit: Brian TIERNEY, *A conciliar theory of the thirteenth century*, in: Catholic Historical Review 36 (1951), 415 - 440. Ders., *Pope and Council. Some new decretist texts*, in: Medieval Studies 19 (1957), 197 - 218. Joseph RATZINGER, *Das neue Volk Gottes*. Entwürfe zur Ekklesiologie, Düsseldorf 1969, 51 - 69.

(8) Die vielfach von den Bettelorden (Dominikanern, Franziskanern, Augustinern und Karmeliten) geführten neuen Universitäten wurden in der Regel als päpstliche Einrichtungen betrachtet, nachdem nur Bologna (im 11. Jahrhundert), Oxford (1167) und Neapel (1224) ohne päpstliche Bestätigung gegründet worden waren.

(9) Das Wallfahrtswesen war u. a. auch Ausdruck einer neuen Mobilität der Menschen, die sich mit deren Heilssehnsucht und religiöser Unrast verband. Die Päpste griffen dirigierend ein. Am auffälligsten wird diese Entwicklung als 1098 der Lothringer Urban II. (+ 1099) unversehens durch seinen Aufruf zur „bewaffneten Pilgerschaft" und zur Hilfe für Byzanz als Koordinator der Christenheit im Mittelpunkt steht und das tut, was eigentlich des Kaisers gewesen wäre. Gregor VII. (+ 1085) hatte, vom Gedanken der Befreiung der Christenheit (*libertas ecclesiae*) erfüllt, erstmals den gesicherten Zugang der Pilger zu den hl. Stätten, die Befreiung Jerusalems und Hilfe für die schismatischen „Griechen" mit militärischen Mitteln ins Auge gefaßt, aber wegen der Auseinandersetzungen mit Heinrich IV. nicht verwirklichen können. Im Vertrag von Konstanz verpflichtete sich Kaiser Konrad III., dem Papst neben der Ketzerfrage und der Sicherheitsfrage in der Stadt Rom bei der „bewaffneten Wallfahrt" Schützenhilfe zu leisten.

(10) Die Heiligsprechungen wurden durch Innozenz III. (+ 1216) endgültig und ausschließliche an den hl. Stuhl gezogen.

VIERZEHNTES KAPITEL

Das päpstlich Selbstverständnis bei Innozenz III. (1198 - 1216).

(1) Friedrich Kempf bezeichnete Innozenz III., eine der glänzendsten Papstgestalten des Mittelalters, als „Streitschlichter der Welt" (*arbiter mundi*). In ihm verband sich politische Begabung mit der Gunst der historischen Stunde und geistlichem Sendungsbewußtsein. So übte er die „quasikaiserliche" Rolle des Streitschlichters in einer Weise aus, vor der die Verfasser des *Constitutum Constantini* nur zu träumen vermochten.[162] Der Papst war nominell Lehensherr über ein halbes Dutzend Fürsten der Christenheit, dazu Vormund des Staufers Friedrich II. (+ 1250). Er wollte das Papsttum erstmals auch prinzipiell aus der „Obervogtei" des *Patricius Romanorum* befreien, ohne auf die unumgängliche kaiserliche *defensio* zu verzichten. Er verstand sich erstmals als Souverän des Kirchenstaates ohne kaiserliche Oberherrschaft (gleichsam als *rex inter reges*). Die Kronreif in der päpstlichen Prunkhaube (der Tiara) konnte als Symbol dieser neuen Libertät verstanden werden, die verfassungsgeschichtlich durchaus dem Zeitgeist des späten Mittelalters entsprach.[163] Es lag im Zuge der Zeit, daß auch Reichsbischöfe, nicht nur der Papst „Fürsten" mit einem fürstlichen Territorium wurden (etwa durch das Gesetz Kaiser Friedrich II. *Privilegium cum principibus ecclesiasticis* von 1220). Es war dies eine Verfassungsänderung, durch welche die *Germania* zu einem Fürstenbund wurde, dem der König nur mehr als *primus inter pares* vorstand. Die weitgehende Loslösung der „Prälaten" von der königlichen bzw. kaiserlichen Gewalt sollte als verfassungsgeschichtliches, nicht moralisches Faktum interpretiert werden: Es stammt zunächst nicht einfach aus der *libido dominandi* der Begünstigten. Das nämliche gilt für den Kronreif in der päpstlichen Tiara.

---

162 Carl MIRBT, Kurt ALAND (Ed.), *Quellen*, aaO, Bd. 1, 251 - 256, Nr. 504.

163 Immer noch benützt wird Percy Ernst SCHRAMM, *Zur Geschichte der päpstlichen Tiara*, in: Könige und Päpste 4/2 (1971), 108. Gerhart B. LADNER, *Die Statue Bonifaz' VIII. in der Lateranbasilika und die Entstehung der dreifach gekrönten Tiara*, in: Images and Ideas in the Middle Ages, Rom 1983, 414 f. Othmar HAGENEDER, *Papsttum*, aaO, 41 f.

(2) Der Kreuzzug war seit dem Investiturstreit Ausdruck des Rechtsstreits um die kirchliche Libertät und gleichzeitig auch für das gewachsene Primatsverständnis. Wir erinnern uns, daß Männer wie Bernhard von Clairvaux (+ 1153) die Behinderung der Christen an den heiligen Stätten mit dem Machtmißbrauch (der „Tyrannis") weltlicher Fürsten im Zeitalter der Laieninvestitur verglichen hatten. Innozenz rief 1203 zum Kreuzzug auf, weil er wie einige seiner Vorgänger zutiefst und wohl reflektiert überzeugt war, daß in diesem Werk der Einigung und Befreiung seine Aufgabe als Papst bestünde.

(3) Im Widerspruch zu eindeutigem kanonischen Recht ließen sich die Kreuzfahrer allerdings auf militärische Abenteuer gegen orthodoxe Christen ein und gegen den erklärten Willen des Papstes, „trotz päpstlichen Verbotes und Bannes"[164], auf die Eroberung von Konstantinopel, als sie durch den späteren Alexios IV. im Thronstreit zur Intervention gerufen wurden. Die erste Eroberung am 17. Juli 1203 brachte Alexios IV. kurzfristig auf den Thron. Dieser konnte seine Versprechungen für die Hilfe nicht erfüllen. Die zweite Eroberung mit Plünderung erfolgte am 12. April 1204. Sie war ein Desaster. Mit der Kriegsbeute bezahlten die Sieger ihre Schulden an Venedig. In einem euphorischen Moment erhoffte sich wohl auch der Papst durch das sgn. „Lateinische Kaiserreich" (1204 - 1261) eine Lösung der Kirchenspaltung.

(4) Aber die Gewaltlösung war nicht von Dauer, vor allem weil es den „Lateinern" nicht gelang, das auseinanderbrechende und von Seldschuken wie Bulgaren gleichermaßen bedrohte *Imperium* zusammenzuhalten. Die mentale Spaltung der Christenheit verfestigte sich möglicherweise dadurch noch mehr; die nachhaltende Traumatisierung der „Griechen" verwandelte sich durch die Kolonisationspolitik der italienischen Städte und durch den landfremden Klerus in zähe Ressentiments, welche die Jahrhunderte überdauerten, ob gerechtfertigt oder nicht. Die vereinte Hilfe für die bedrängten „Griechen", die noch hundert Jahre zuvor eine einzigartige Chance für die erstarkte päpstliche Autorität gewesen war, wurde jetzt eine uneinlösbare Herausforderung für das Papsttum, mit dem auch seine stärksten Vertreter nicht zu Rande kommen sollten.

(5) Auf dem Vierten Laterankonzil (1215) verstand es der Papst, nicht nur symbolisch und dem Anspruch nach, sondern auch faktisch die Ökumene zu versammeln. Es wurden wichtige Weichen für die kirchliche Disziplin etwa für die Sakramentenpraxis beschlossen.

---

164 „Kirchenunion" als eines der vielfältigen Motive: A. CARILE, Art. „Lateinisches Kaiserreich", in: LexMA 5 (1991), 1735 - 1738, 1736 („Trotz päpstlichen Verbotes").

Außerdem formulierte das Konzil ein umfangreiches Glaubensbekenntnis, in dem erstmals der Begriff der Wesensverwandlung im Partizip *transsubstantiatis* vorkommt.[165]

(6) Von Konstantin bis zum Investiturstreit galt der christliche Kaiser als Stellvertreter Christi (*vicarius Christi*), während sich die Päpste Nachfolger und Stellvertreter des hl. Petrus nannten. Dieser Kaisertitel wäre an sich, im weiteren Sinn verstanden, nichts Ärgernis Erregendes, weil ihn eigentlich jeder Christ, nicht zuletzt die geweihten Amtsträger für sich beanspruchen konnten. Aber der Exklusivität des Kaisertitels lag eine bestimmte Ekklesiologie zugrunde: Erst durch die Taufe des ehedem heidnischen Kaisers habe die Gottesstadt (*Civitas Die*) eine neue Wirklichkeit bekommen. Der christlich gewordene Kaiser verkörpere die neue Christusherrschaft. Innozenz III. beanspruchte nun wie selbstverständlich diesen Titel mit einer gewissen Exklusivität für das Papsttum.

(7) Innozenz verkörperte die päpstliche Vollgewalt (die *plenitudo potestatis*), den Universalepiskopat und den umfassenden Jurisdiktionsprimat, wie ihn wenige Generationen vorher Bernhard von Clairvaux (+ 1153) für seinen „Schüler" Eugen III. (+ 1153) formuliert hatte. Der Papst verstand sich als das sichtbare Haupt der Kirche und als Inhaber der Vollmacht, von der sich alle übrigen Befugnisse dieser Art ableiteten. Das war eine sehr idealistische Sicht der Dinge, die bei Amtsinhabern geringeren menschlichen Formats leicht mißverstanden werden konnte, wie das bei Innozenz IV. (+ 1254) und Bonifaz VIII. (+ 1303) offensichtlich der Fall war.

(8) Auch die Auseinandersetzung von Innozenz IV. mit dem Kaiser kann noch als letztes Stadium der gregorianischen *libertas*-Bewegung gesehen werden. Aber Staatsauffassung, Zeiten, Temperamente, Personen und Mittel hatten sich geändert. So führte dieser Papst eigentlich keinen Streit um berechtigte Anliegen des obersten geistlichen Amtes, sondern geradezu einen Vernichtungskrieg gegen Friedrich II. (+1250) und die staufische Herrschaft. Klaus Schatz hält die neue Trennung zwischen göttlichem und menschlichem Recht bei Innozenz IV. für riskant:[166] Denn nun beginne der Papst, sich zwar nicht als Herr des göttlichen Rechtes, wohl aber des positiv menschlichen Rechtes zu betrachten. Das barg zumindest die Gefahr zur Willkür einer absolutisti-

---

165 Raymonde FOREVILLE, *Lateran* I - IV, Mainz 1970, 401, Nr. 8. (= Geschichte der Ökumenischen Konzilien, hrgb. Gervais DUMEIGE, Heinrich BACHT, Bd. 6). DH, Nr. 802 („sub speciebus panis et vini veraciter continetur, transsubstantiatis pane in corpus, et vino in sanguinem potestate divina".

166 Klaus SCHATZ, *Primat*, aaO, 118 ff.

scher Machtausübung, wobei sich der weltliche und der kirchliche Bereich nicht scharf trennen ließen. Ein Mißbrauch der geistlichen Disziplinargewalt im Kampf gegen das *Imperium* führte zu einer noch schlimmeren Abhängigkeit des Papsttums von politischen Mächten nach 1250. Die Abhängigkeit von den Anjou in Neapel und von der französischen Krone während des Aufenthalts der Päpste in Avignon war auch in vieler Hinsicht unbefriedigend. Papstwahlen wurden immer langwieriger und mühsam, weil die politischen Interessen der Wähler mit ihren dynastischen Bindungen immer intensiver wurden.

(9) Die ganze Zwiespältigkeit des Problems zeigte sich besonders deutlich bei der Kraftnatur Bonifatius VIII. (+ 1303). Dieser versuchte, mit den Konzeptionen des neuen politischen Aristotelismus (eines Aegidius Romanus, eines Augustinus Triumphus, eines Matthäus von Aquasparta OFM u. a.) die Probleme der Zeit in den Griff zu bekommen, die in einer Desintegration der Gesellschaft gesehen wurden.[167] Die integrierende Rolle der Scholastik, die Sir Richard Southern[168] schon für das 12. Jahrhundert ausführlich schildert, gilt verschärft für den politischen Aristotelismus der Pariser gegen Ende des 13. Jahrhunderts.

(10) D. h., Bonifatius VIII., seine Berater und viele Zeitgenossen erlebten vor allem den offensichtlichen Zerfall der Christenheit in machtbewußte Territorialstaaten als bedrohlich. So wurde konkret die Gefahr des Hundertjährigen Krieges zwischen den beiden „christlichen Mächten" England und Frankreich gesehen. Der Papst meinte, durch etwas wie eine päpstliche „Universalmonarchie" die Gefahr bannen zu können. Seine Bulle *Unam Sanctam* (1302) ist, kirchlich gesehen, eine neue Formulierung des Glaubensartikels von der Einheit der Kirche und Lehre von ihrer „bedingten" Heilsnotwendigkeit. Aber die vom Evangelium geforderte Einheit der Kirche konnte dem strengen Wortlaut nach allzu idealistisch mit der politische Einheit der *res publica Christiana* verwechselt werden. Das verbindliche Lehrdokument Bonifaz VIII. sollte in die Beschlüsse des Fünften Laterankonzils (1512 -1517, 11. Sitzung, 19. Dezember 1516) aufgenommen werden.[169] Es wurde zu seiner Zeit politisch überbewertet („plus accentuée", Pius XII. 1955) und dürfte so unter anderem auch als entfernterer Anlaß für die Krise angesehen werden, die letztlich die Päpste nach Avignon (1309 - 1378) führte.

---

[167] Klaus SCHATZ, *Primat*, aaO, 109 und 119.

[168] Richard W. SOUTHERN, *Scholastic Humanism and the Unification of Europe*, Vol. I (*Foundations*), Oxford 1995.

[169] Peter HÜNERMANN, *Einleitung* zur Bulle „Pastor aeternus": in: DH, Nr. 1445, 485 f.

(11) Die Politisierung bestand darin, daß der Glaubensartikel von der Einheit der Kirche soziologisch als Einheit der politischen Gesellschaft umgedeutet werden konnte. Der Papst, der selber ein erfahrener Kanonist war, stellte richtig, daß er keineswegs daran gedacht habe, die königliche Würde aus dem Papsttum abzuleiten.[170] Eine Trennung der beiden Gewalten konnte allerdings der Papst damals angesichts des schwelenden franziskanischen Armutstreites schwer anders denn als Irrlehre des Mani und als monströs betrachten. Das geistliche Immunitätsrecht des Papstes, ursprünglich als Schutz für die ungehinderte Ausübung des Petrusamtes gedacht, wurde im Sinne einer ständischen Rangordnung in der Gesellschaft umgedeutet. Allerdings wurde die grundsätzliche Notwendigkeit, ja Aktualität der Immunitätsfrage spätestens beim Attentat von Anagni, das der Papst nur kurz überlebte, für jedermann einsichtig. Kirchengehorsam und feudales Loyalitätsverhältnis (die sgn. „Obedienz") wurden in dem Dokument etwas miteinander vermischt. Ein politisches Untertanenverhältnis kann nützlich, ja sogar moralisch gut sein. Aber sicher bezieht sich die „Heilsnotwendigkeit" der Kirche nicht auf diese Art von „Gehorsam". Bonifatius VIII. (und wohl auch seine antifranziskanischen Berater) fürchtete nicht ganz zu Unrecht die radikalen Franziskanerspiritualen, deren Armuttheorien sich eine Generation später tatsächlich als heterodox erwiesen. Aber er empfand die durch die radikale Armutbewegung indirekt geförderte Trennung von Kirche und Staat intensiver als Gefahr, als wir es heute gewohnt sind. Dabei sollte man ihm nicht eine gewisse prophetische Einsicht in die Übel eines ungezügelten Säkularismus absprechen. Im Zeitalter des Abendländischen Schismas (1378 - 1417) und des Konziliarismus schien dann das Petrusamt für eine geraume Zeit lahmgelegt.

---

170 Der Papst verteidigte sich in Gegenwart der französischen Gesandten am 24. Juni 1302, indem er die päpstliche „Oberherrschaft" über den König nur hinsichtlich der Bußdisziplin („subiectus ratione peccati") interpretierte: Seit vierzig Jahren befasse er sich mit dem Recht und wisse, daß es zwei von Gott eingesetzte Gewalten gebe. Man unterschiebe ihm eine ungeheuerliche Torheit („tanta fatuitas, tanta insipientia"): „Dicimus quod in nullo volumus usurpare iurisdictionem Regis ..." Alfons STICKLER, *Il Giubileo di Bonifacio VIII. Aspetti giuridico-pastorali*, Rom 1977, 39, Anm. 44 (= Quaderni della Fondazione Camillo Caetani II). Zit. nach: Pierre DUPUY, *Histoire du Differend d'entre le Pape Boniface VIII et Philippe le Bel Roy de France*, Paris 1655, 77. Vgl. im Wortlaut HÜNERMANN, *Einleitung*, in: DH (1991), Nr. 870 - 875, 384 f. - Othmar Hageneder, *Papsttum*, aaO, 54 kommt aufgrund des an die Gesandten Albrechts I. gerichteten Gleichnisses von Sonne und Mond zu einer eher gegenteiligen Wertung: „Die Ansprüche der Päpste steigerten sich dabei bis zur Forderung, die gesamte weltliche Gewalt von der kirchlichen abhängig sein zu lassen."

FÜNFZEHNTES KAPITEL

Papsttum ohne *Patrimonium Petri*: Avignon (1309 - 1378).

(1) Das päpstliche *regnum* im „Kirchenstaat", symbolisiert durch den Kronreif in der päpstlichen Tiara, war im Streit mit Bonifatius VIII. durch die Brutalität Philipp IV. des Schönen (+ 1314), zwar nicht dem juridischen Anspruch nach, aber praktisch zugrunde gegangen. Die künftigen Päpste hatten über zwei Generationen lang den Einfluß auf das Patrimonium, Herrschaft und Einkünfte fast zur Gänze verloren. Da nützte auch die zweite Krone nichts, durch die der Papst die oberste weltliche Gewalt in der Christenheit neben der geistlichen versinnbilden wollte. Als Johann XXII. (1316 - 1334) bürgerlicher Herkunft nach Clemens V. seinen ehemaligen Bischofspalast in Avignon zur päpstlichen Residenz machte, hätten die Vertreter der Armutbewegung eigentlich triumphieren müssen. Endlich war im Papsttum die von ihnen befürwortete Herrschaftslosigkeit der Kirche (*sine dominio et sine dominatu*) an ihrem Haupt verwirklicht. Der Papst war zwar ein „König", aber ein „König ohne Land" geworden. Denn der „Kirchenstaat" war, wie wir eben sagten, praktisch veräußert und seine wirtschaftlichen Möglichkeiten für Unterhalt und Aufgaben des Papsttums nicht mehr verfügbar.

(2) Aber gerade das Gegenteil von dem, was die schwärmerischen „Spiritualen" eigentlich erstrebten, war der Fall. Denn der Verlust der weltlichen Herrschaft führte zu neuen Abhängigkeiten und Mißbräuchen und zu sonderbaren politischen Verbindungen, in die übrigens auch die protestierenden „Spiritualen" *nolens volens* hineinschlitterten, wie wir weiter unten sehen werden. Die kirchliche und päpstliche Autorität wurde durch eine Reihe von Faktoren immer mehr untergraben. In letzter Konsequenz führten die ungelösten Probleme des „Exils" der Päpste in Avignon zum „Abendländischen Schisma" (1378 - 1417), zur empfindlichsten strukturellen Krise des Papsttums vor der Reformation, und verlieh der Radikalisierung der Konziliaren Idee und ihren Befürwortern einen Auftrieb, der mit der Lehrtradition der Kirche nicht mehr zu vereinbaren war. Es brauchte Jahrhunderte, eigentlich bis zum Ersten Vatikanischen Konzil (1869/1870), um die heterodoxe Lehre von der Superiorität des Kon-

zils über das Papsttum wenigstens im katholischen Raum zu überwinden.

(3) Die Päpste in Avignon konnten ihren Finanzbedarf nur decken, indem sie die mühsam erkämpfte Möglichkeit der kirchlichen Ämterverleihung und des kirchlichen Prozeßwesens zur Quelle eines ausgeklügelten Systems von Einkünften machten. Die Gregorianer waren gegen Simonie und Ämterkauf zu Felde gezogen. Die komplizierte neue Gebührenordnung zur Erlangung höherer Pfründen vermittelte aber zumindest den Anschein der „Simonie". Wenigstens konnten die Menschen nicht so genau unterscheiden, warum die lukrative Ämterverleihung von „Laien" eine schlimmere „Erzketzerei" sein sollte als die lukrative „Provision" durch die päpstliche Kurie. Der Papst hatte die „Laien" mit ihrer finanzkräftigen Ämter-„Verleihung" samt ihrem schlechten Ruf beerbt.

(4) Die Bischofsernennungen, Ausdruck der direkten päpstlichen Hirtengewalt, war bei den Gregorianern noch nicht als Einnahmsquelle gedacht gewesen. Vielmehr wurde das aber durch die Krise von Avignon im späten Mittelalter gang und gäbe. Damit kam die päpstliche Primatialgewalt *(potestas directa)*, obgleich aus der kirchlichen Tradition theologisch und historisch gut begründbar, in Verruf. Alle Beteiligten empfanden das unvermeidliche System als unbefriedigend. Vor allem erregte die Verhängung geistlicher Strafen zur Förderung der Geldaufbringung Ärgernis. Johannes XXII. (+ 1334), der große Gegenspieler der Franziskaner Spiritualen und Ludwigs des Baiern (+ 1347) exkommunizierte Dutzende Bischöfe und Äbte, weil sie beim Zahlen säumig waren.

(5) Der Streit um den Reichsvikar erscheint wie ein Windmühlenkampf. Papst Johannes XXII. (+ 1334) und Kaiser Ludwig aus dem Hause Wittelsbach (+ 1347) führten die letzte große Auseinandersetzung zwischen den beiden „Gewalten" des Mittelalters (dem *sacerdotium* und *imperium*). Sie stritten Jahre lang um das Recht der Einsetzung eines Reichsvikars in Italien. Bei beiden Kontrahenten ging es nicht mehr um reale Macht, sondern nur um ein Prinzip. Die Devise lautete: „Wer war der symbolische König von Italien?" Eigentlich hätte die Krönung des Baiern mit der eisernen Lombardenkrone (1327) genügt, um der Freude an Symbolen genug zu tun. Aber der theologisch gebildete Papst aus dem Languedoc hatte einen Instinkt für das Prinzip der „Rechtsverwahrung". Er wußte wie seine Nachfolger, die der Tiara hilflos die dritte „Krone" hinzufügten, was ein „König ohne Land" bedeutet. Die Päpste mußten sich damals mit Recht fragen, ob ein Papst „in Untermiete" noch in der Lage sei, auch geistlich unbehindert, seines Amtes zu walten?

(6) Aus diesem Grund waren es gerade „spirituelle" Kreise, Dichter, politische Schwarmgeister und heilige Frauen wie Katharina von Siena (+ 1380) und Birgit von Schweden (+ 1373), die eine Rückkehr der Päpste nach Rom forderten. Aber die gewaltsame Wiederherstellung des Kirchenstaates verschlang ungeheure Summen. Die benötigten Söldnerheere und Galeeren allein machten 80% des päpstlichen Jahresbudgets aus.[171] Der vom spanischen Kardinal Aegidius Albornoz (+ 1367) neugeschaffene Kirchenstaat kostete viel Blut und Geld. Er war die Voraussetzung für das Renaissancepapsttum mit all seiner Größe und Problematik. Er war aber damals die einzige Möglichkeit, daß die Päpste seit Jahrhunderten wieder ungestört in Rom residieren und ihres Amtes walten konnten.

(7) Theologiegeschichtlich war die Lehre vom päpstlichen Primat bereits im 12. Jahrhundert voll ausgebildet. Der Konziliarismus stellte allerdings die Konzeption des Jurisdiktionsprimats, wie gesagt, praktisch und theoretisch in Frage. Denn er machte das „freie" Konzil (im Sinne der späteren Konzilsauffassung der Reformatoren) zur jurisdikionellen und lehramtlichen Instanz, dem das Petrusamt unterworfen sein sollte. Gleichwohl lieferte die Idee des Konziliarismus in *Haec sancta synodus* die kanonistische Formel, 1415 (bzw. 1417) die Abendländische Kirchenspaltung zu beenden.[172]

(8) Dogmengeschichtlich wurde die Konziliare Theorie auf dem schismatischen Konzil von Basel verabsolutiert, überinterpretiert und radikalisiert (1439). Zwar wurde sie von den Reformatoren bis zu den Verfassern der Gallikanischen Artikel (1682) über die Französische Revolution hinaus immer wieder vertreten, aber in dieser Form für die Gesamtkirche inakzeptabel. Das schismatische Reformkonzil von Basel (<1432>1437 - 1349) hatte eine dogmengeschichtliche „Klärung" im

---

[171] Ausgaben: Karl August FINK, *Die Kurie in Avignon*, in: HKG III/2 (1985), 422 ff,. H. HOBERG, *Die Inventare des päpstlichen Schatzes in Avignon (1314 - 1376)*, in: StT 111, Roma (1944).

[172] Autorität und Integrität des Konzils von Konstanz nach der Flucht von Johannes XXIII, 4. Session, 30. März 1415 und 5. Session, 6. April 1415: Joseph GILL, *Konstanz und Basel-Florenz*, hrgb. Gervais DUMEIGE, Heinrich BACHT, *Geschichte der Ökumenischen Konzilien*, Bd. 9, Mainz 1967, Nr. 1 und 2, 369 f.; *Mansi* 27, 585. Diese Erklärung der „Superiorität des Konzils" war mit großer Sicherheit zumindest primär als disziplinäre Maßnahme nach dem Prinzip der Epikie der Konziliaristen beabsichtigt: „Not kennt kein Gebot." Die Situation in Basel ist insofern nicht mit der Notlage von Konstanz zu vergleichen, als in Basel ein gültig gewählter Papst präsidierte, während in Konstanz alle drei „Päpste" wegen Unsicherheit der Gültigkeit ihrer Wahl zur Resignation gebracht werden mußten.

Sinne einer Rationalisierung und Simplifizierung gebracht - in eine Richtung, welche die meisten seiner Väter ursprünglich so sicher nicht bedacht hatten. Das immer noch beachtliche Rumpfkonzil, das zunächst verfahrensmäßig und kirchenpolitisch an einer Radikalisierung des Konziliarismus gescheitert war, versuchte die für Notzeiten wie 1415 hilfreiche Konziliare Idee ohne die Stimme des Papstes und seiner Anhänger zu einer Definition mit dogmatisch bindendem Gehalt zu erheben. Das war das berüchtigte Dekret „Sacrosancta" (16. Mai 1439). Durch dieses überschritten die Basler die kritische Linie von bloßen Verfahrensfragen und riskierten nach dem Urteil von Klaus Schatz bereits eine „Glaubensspaltung". Sie verließen den Boden der herkömmlichen Ekklesiologie.[173] Dieses veranlaßte den „abgesetzten" Papst Eugen IV., mit dem Dekret „Moyses vir Dei" (4. September 1439) den Basler Begriff vom „papstfreien" Konzil zu verwerfen[174]. Der ehemalige Konziliarist Pius II. (Enea Silvio de Piccolomini, + 1464)[175] und schließlich die Väter des Fünften Laterankonzil (1512 - 1517) klärten zunächst das Verhältnis der päpstlichen Vollmacht zu den Konzilien in verbindlicher Form.[176] Das geschah Jahrhunderte, bevor der päpstliche „Jurisdiktionsprimat" auf dem Ersten Vatikanischen Konzil zusammen mit der Lehre von der Infallibilität in feierlicher Form definiert werden sollte (1870). Allerdings blieb auch die Idee vom „papstfreien" Konzil der schismatischen Basler nach 1437 weit über die Reformation hinaus im Bewußtsein zumindest des Klerus haften. Als der Salzburger Erzbischof 1569 seine acht Suffragane, dazu die Äbte, Pröpste, Archidiakone, Kanoniker und sonstige Geistliche seiner Kirchenprovinz vom Se-

173 Die Sätze lauteten: Das Allgemeine Konzil stehe über dem Papst; der Papst könne ein Konzil weder auflösen noch verlegen; wer diesen Wahrheiten widerspreche, sei Häretiker: Klaus SCHATZ, *Primat*, aaO, 137 f., 150 f. Absetzung Eugens IV. durch die Basler wegen „Häresie", 34. Session, 23. Juni 1439: Joseph GILL, *Konstanz und Basel-Florenz*, hrgb. Gervais DUMEIGE, Heinrich BACHT, *Geschichte der Ökumenischen Konzilien*, Bd. 9, Mainz 1967, Nr. 23, 414 - 417; *Mansi* 29, 179 - 181.

174 EUGEN IV. verwirft im Dekret „Moyses vir Dei" die Erklärung des Basler Konzils, die Lehre von der Superiorität des Konzils sei katholische Wahrheit, und deklariert seine rechtswidrige Absetzung auf dem Konzil von Basel (1439) für null und nichtig: DH, Nr. 1309, 452. Joseph GILL, *Konstanz*, aaO, Nr. 25, 421 - 426.

175 PIUS II. verwarf in der zu Mantua erlassenen Bulle „Exsecrabilis" (1459/1460) das angemaßte Recht der Appellation von einem päpstlichen Entscheid an das Konzil unter Verweis auf die beiden Primatstellen Joh 21,17 und Mt 16,19: DH, Nr. 1375, 472.

176 Der Papst besitze uneingeschränkte Vollmacht (*plenum ius et potestatem*), Konzilien einzuberufen, zu verlegen und aufzuheben. LEO X., Bulle „Pastor aeternus gregem", in: DH, Nr. 1445, 485.

mering bis zum Fichtelgebirge zur Mitarbeit an der Verwirklichung der Trienter Reformdekrete gewinnen wollte, lockte er mit dem Hinweis auf die „Basler": Diese hätten auch nichts anderes gefordert, als was jetzt er der Metropolit verlange.[177]

[177] Basler Dekret, 15. *Sessio* (16. November 1433): Gerhard B. WINKLER, *Provinzsynoden*, aaO, 24, 33, 293.

SECHZEHNTES KAPITEL

Das Papsttum vom Zeitalter der Reformation zu dem des katholischen Staatskirchentums.

(1) Im Zeitalter der Reformation und des konfessionellen Frühabsolutismus schien es zunächst, als seien die neuen Fürsten (katholische wie protestantische) an die Stelle des Papsttums getreten. Evangelische und Anglikaner hatten ihren Summepiskopat. Und vor allem katholische Fürsten zitierten gerne das geflügelte Wort: „*Princeps est papa et episcopus in regione sua* bzw. *in territorio suo*."[178] D. h., der neue Fürst besitze die unbeschränkte Religionshoheit innerhalb der Grenzen seines Fürstentums, auch die oberste Regierungsgewalt über die Kirche (*potestas gubernationis*); die Bischöfe sollten nach dieser Konzeption eher wie Weihbischöfe fungieren, denen leitende Vollmacht nur delegiert zustand. Das war die Zeit, da der Wille des Fürsten die Konfession der Untertanen bestimmte. Die auf dem Reichstag zu Augsburg (1555) zum verbrieften Reichsrecht erhobene, naturrechtlich anfechtbare Rechtslage wurde schon seit einer Generation von den Fürsten im Sinne der „Reformation" praktiziert. Die katholischen Fürsten der Periode des „konfessionellen Absolutismus" wollten an Machtfülle hinter ihren protestantischen Kollegen, dem Landgrafen von Hessen und dem Kurfürsten von Sachsen nicht zurückstehen. So nützten sie auch die Bedrängnis der Kirche weidlich aus, indem sie sich von Rom für ihre Treue zum Heiligen Stuhl kirchliche Privilegien verleihen ließen und die Besetzung von Bischofsstühlen, Abteien, Propsteien und Domherrenstellen in einem Ausmaß vornahmen, das im ganzen Mittelalter undenkbar gewesen wäre und über das jeder rechtschaffene Gregorianer die Hände über dem Kopf zusammengeschlagen hätte. Es schien über 250 Jahre so, als ob der ganze Streit um den päpstlichen Primat im

---

178 Die Formulierung vom „Papsttum" und Summepiskopat der katholischen weltlichen Fürsten (sowohl der Wittelsbacher wie der Habsburger) finden sich häufig in den Archivalien des 16. Jahrhunderts. Vgl. Gerhard B. WINKLER, *Die nachtridentinischen Synoden im Reich. Die Salzburger Provinzialsynoden* (1569, 1573, 1576), Wien 1988, 91: Regensburger Klerusgravamina: KonsA Sbg, 11/50, RA XIX, Fasz. A, 63r - 67r, 66r („Papa et Episcopus").

Mittelalter umsonst gewesen sei. Die katholischen Fürsten des Frühabsolutismus unterschieden sich von den protestantischen nur durch eine „Kleinigkeit", die allerdings nicht unterschätzt werden sollte: Ihnen wurde immer wieder klargemacht, daß ihre Befugnisse über die Kirche nicht einer göttlichen oder natürlichen „Ordination" entsprächen, wie die Konzeption des protestantischen "Summepiskopats" lautete. Ihnen seien die Vollmachten als „treuen Söhnen des Stuhles Petri" vielmehr als Indult und gnadenweise verliehen worden.

(2) Das gleiche Prinzip des eben geschilderten konfessionellen Absolutismus wurde im heiklen Bereich des neuzeitlichen Missionswesens im portugiesischen und spanischen Regalismus angewandt. Noch war z. B. das gesamte Missionswesen vom Patronat der spanischen und portugiesischen Krone geleitet (*Patronato Real, Padroado*), d. h. total „verstaatlicht". Der jeweilige Kronrat bestimmte, welche Orden, welche Landsleute und welche Priester in die neu entdeckten Länder geschickt würden. Die gesamte geistliche „Personalpolitik" war Sache der Krone. Sixtus V. (+ 1590), der große Schöpfer der päpstlichen „Ministerien", der sgn. Kardinalskongregationen, kannte noch keine „Propaganda fidei". Die kam mit Hilfe ausgerechnet der Karmeliten erst zaghaft 1622 für das Osmanische Reich im Nahen Osten zustande.

(3) Trotz dieser „Dezentralisierung" regten sich im Gefolge des Konzils von Trient (1545 - 1563) in aller Stille Einigungsbestrebungen, die auf eine praktische Verwirklichung des Jurisdiktionsprimats hinausliefen. Der neue römische Messritus ließ zwar alle über 200 Jahre bestehenden Riten unangefochten, aber er führte zu einer nie dagewesenen Einheitlichkeit der katholischen Messfeier. Ähnliches galt für das Brevier und den Bibeltext der Vulgata, in dem die nachtridentinischen Reformpäpste ihre eigene Glaubenstradition und den Glauben der Väter Athanasius, Basilius, Ambrosius, Hieronymus, Augustin und Gregors I., des Großen, wiederfanden.

(4) Obwohl die Dekrete des Trienter Konzil nur allmählich und partikulär rezipiert und durchgeführt wurden, formten sie in den katholisch gebliebenen Ländern die Kirchen äußerlich und innerlich um, so daß diese in der Barockzeit wie noch nie zuvor als „romanisiert" erschienen. Bischofsstädte wie Salzburg, Passau, Würzburg, Eichstätt, München und Wien nahmen ein italienisches Flair an. An den katholischen Höfen sprach und schrieb man zunächst italienisch. Italienische und spanische Mönche bevölkerten eine Weile die Klöster; sie wirkten auf Kanzeln und Lehrstühlen. Ein Netz von päpstlichen Nuntiaturen in den katholisch gebliebenen Residenzstädten Wien, Graz, Luzern, Prag, Köln und später auch München dienten seit der zweiten Hälfte

des 16. Jahrhunderts der konkreten Anbindung der Ortskirchen an das Papsttum.

(5) Weltweit gesinnte und agierende Orden wie die Gesellschaft Jesu mit dem Gelübde des besonderen Papstgehorsams, stellten ein wichtiges Instrumentar zur Integration der katholischen Christenheit dar, auch wenn gerade die Jesuiten, vom iberischen „Regalismus" kommend, bis zur Aufhebung 1773 staatskirchlich operierten. Ignatius schlug in Rom seine Residenz auf, nachdem er eine Zeit lang gemeint hatte, Jerusalem sollte seine Wirkungsstätte sein. Er war „päpstlich" insofern, als er sich trotz oder gerade wegen schwerster reformatorischer Angriffe zum „Loben" der Kirche und des konkreten Papsttums seiner Zeit entschied und auch seiner „Sozietät" das Papstgelübde abnahm. Achtung und Ehrfurcht vor dem päpstlichen Amt wurde unveräußerlicher Bestandteil jesuitischer Spiritualität. Die grundsätzliche Treue gegenüber dem Stuhl Petri befähigte andererseits, spirituell gesehen, die Mitglieder der Gesellschaft Jesu, einen erstaunlichen Freiraum der Selbstverantwortung und Weltläufigkeit ohne ein unzumutbares Risiko zu nutzen. Sie ließen sich zwar vom Heiligen Stuhl die großen Arbeitsfelder zuweisen. Die Details erledigten sie aber selbst mit Hilfe der katholischen Fürsten.

(6) Die Päpste mußten es sich gefallen lassen, daß die katholischen Herrscher in Spanien, Frankreich, Baiern und Österreich jedes Dekret und jedes Rundschreiben durch das bekannte „Placetum regium" blockieren konnten. Bis 1770 ließ der Heilige Stuhl die sprichwörtliche „Abendmahlsbulle" regelmäßig verkünden, nach der auf staatliche Jurisdiktionsbehinderung Exkommunikation stehen sollte.[179] Aber die Bulle, deren Anwendung eigentlich die Praxis der staatskirchlichen Zensur treffen sollte, wurde kaum bekannt, weil sie die katholischen Staatskanzleien in Madrid, Lissabon, Paris, München und Wien in der Schublade liegen ließen.

(7) Durch die sgn. Gallikanischen Artikel (1682) kam es zu einem prinzipiellen und doktrinären Bruch. Das katholische Frankreich mißachtete nicht nur im praktischen politischen Alltag die päpstliche Hirtengewalt, sondern lehnte den päpstlichen Primat auch in der Theorie ab. Der Kurie gelang nicht einmal mehr jenes hilflose Aufbegehren des rechtlich Beeinträchtigten, nämlich die „Prinzipienverwahrung", die sie seit dem Wormser Konkordat (1122) eine Weile lang mit Erfolg praktiziert hatte.

---

[179] Abendmahlsbulle: Klaus SCHATZ, *Primat*, aaO, 163 f.

(8) Die vier Gallikanischen Artikel wurden 1682 von einer französischen Klerusversammlung erlassen, bekamen Verfassungsrang und wurden ein Jahrhundert später von den katholischen Staatskirchenjuristen, Febronianern und Josephinern gleichermaßen bestaunt: Erstens der Papst dürfe keinerlei Hirtengewalt ausüben, die der der katholischen Regenten übergeordnet wäre. Zweitens die Konstanzer Dekrete *Haec Sancta Synodus* (1415) von der Unterordnung des Papstes unter das Konzil müsse als verbindliche Ekklesiologie angesehen werden - nicht nur im kanonistischen, sondern auch im dogmatischen Sinn. Drittens die päpstliche Vollmacht müsse durch die *Kanones* der Konzilien eingeschränkt werden. Im Konfliktsfall sei lokales Recht dem kanonischen der Gesamtkirche vorzuziehen. Viertens sei der Papst zwar oberste Autorität in Glaubensfragen, seine Entscheide seien aber nicht aus sich („ex sese") unfehlbar, sondern nur durch die Zustimmung der Gesamtkirche („ex consensu ecclesiae"). Pius IX. (+ 1878) setzte auf dem Ersten Vatikanum (1870) gegen einen beträchtlichen Widerstand von Konzilsvätern durch, daß diese Formulierung der Gallikaner direkt, aber mit Negation in die Unfehlbarkeitsdefinition übernommen und damit korrigiert wurde. Der Gallikanismus des *ancien régime*, noch schlimmer der Bonapartes hatten um 1815 abgewirtschaftet. Die Jakobiner hatten höhnisch von Pius VII. als von „Pius dem Letzten" geschrieben. Jetzt zog dieser mit beispielloser neuer Autorität in Rom ein, weil die Menschen zu schätzen wußten, daß das Papsttum trotz aller Schwäche zu jenen wenigen Kräften in Europa gehörte, die der Gewaltherrschaft widerstanden und das Martyrium riskiert hatten. Das Papsttum wurde nicht nur unter kirchenfrommen Katholiken zum Symbol eines befriedeten neuen Europas. Damals, als die lautstarken Jakobiner der Revolution teilweise noch lebten, wurden die Apostolischen Nuntien zu ständigen Doyens des jeweiligen diplomatischen Corps - bis zum heutigen Tag.

(9) Hier ist eine der wichtigsten Ursachen für das vielschichtige Phänomen des europäischen Ultramontanismus und der Papstverehrung zu sehen, die das Erste Vatikanum atmosphärisch prägen sollte. In früheren Jahrhunderten wurde viel intensiver über die oberste päpstliche Hirtengewalt nachgedacht, d. h. über den sgn. „Jurisdiktionsprimat" als über den Lehrprimat, wie wir oben gesehen haben. Durch die Erfahrung der Revolution und die ersten Stöße der Säkularisation des Jahrhunderts der „Dichter und Denker" wurden beide künftigen Dogmen, das vom Primat und das von der Infallibilität, als unmittelbar zusammengehörig betrachtet, wie m. E. richtig bemerkt

wurde[180]. Als 1799 noch kein Mensch das Ende Bonapartes voraussagen konnte, entstanden zwei charakteristische Schriften des Ultramontanismus, in denen für die Anerkennung der päpstlichen Vollmacht geworben wurde: Es war die über den „Triumph des heiligen Stuhles" (*Trionfo della Santa Sede*) von Mauro Capellari, dem späteren Gregor XVI. (+ 1846), und der Essay „Die Christenheit oder Europa" von Friedrich von Hardenberg, genannt „Novalis", einem konvertierten ehemaligen Pietisten. Beide Schriften wurden schon 1799 verfaßt. Die des Novalis erschien allerdings erst 20 Jahre später, weil Goethe sie für zu umstürzlerisch gehalten hatte. Für den Romantiker der „Blauen Blume", den bedeutenden Lyriker und Philosophen, wurde das päpstliche Hirtenamt zum Inbegriff jener „katholischen Zeichen und Symbole", zu jenen „Bildern der Geschichte", die allein in der Lage seien, Europa von der „Tyrannei der Buchstaben", d. h. vom Rationalismus und seinen Folgen zu retten.[181]

(10) Wie wir zum Abschluß sehen und noch im Schlußkapitel zusammenfassen und vertiefen werden, wurden die beiden Dogmen vom Jurisdiktionsprimat des Papstes und seiner irrtumslosen Kathedralentscheidungen in Fragen des Glaubens und der Sittlichkeit am 18. Juli 1870 im Petersdom verkündet. Am nächsten Tag brach der Deutsch-Französische Krieg aus. Durch den Truppenabzug der Franzosen war das seit Jahren geschrumpfte weltliche Territorium des Papstes auch nicht mehr zu halten. Das waren die Höhen und Tiefen einer tausendjährigen, seltsam janusköpfigen Herrschaftsgeschichte territorialer und „herrschaftlicher" Art, die der hl. Gregor I., der Große (+ 604), der Senatorensohn und ehemalige "Oberbürgermeister" von Rom, „Stadtpräfekt" (*Praefectus Urbi*), begonnen hatte, als er im Interesse der Primatsgeschichte das vorhandene Patrimonium Petri umorganisierte, ausbaute und durch sein großzügiges Vätererbe beträchtlich vermehrte. Der „hl. Petrus" sollte künftig die Bewohner Roms und Mittelitaliens vor den „Longobarden" schützen. Er hatte jetzt nach 1870 die Hände voll zu tun.

---

180 Klaus SCHATZ, *Primat*, aaO, 174 ff., 178 ff.

181 Gerhard B. WINKLER, *Friedrich von Hardenberg (Novalis), „Die Christenheit oder Europa". Über die Tyrannei der Buchstaben. Reformations- und Revolutionskritik*, in: Der Freiheitsgedanke in den Kulturen des italienischen und deutschen Sprachraums, Akten der 21. Tagung der deutsch-italienischen Studien, Meran 1989/1992, 531 - 540. Richard SAMUEL (hrgb.), *Novalis Schriften*, Bd. 3, Dritte Aufl., Mainz 1983, Düsseldorf 1983, <*Die Christenheit oder Europa*>, 507 - 524.

SIEBZEHNTES KAPITEL

Vom Ersten (1869/70) bis zum Zweiten Vatikanischen Konzil (1962 - 1965).

(1) Auf dem Ersten Vatikanischen Konzil wurden bekanntlich zwei dogmatisch verbindliche Konstitutionen verabschiedet: Neben der dogmatischen Konstitution *Pastor Aeternus* das Dokument *Dei Filius* über die Offenbarung. Zunächst hat es den Anschein, daß *Dei Filius* mit der Lehre vom Petrusamt, d. h. mit unserem eigentlichen Thema, wenig zu tun hat. Beiden Dokumenten ist nur das Jahrhunderteproblem der Verbindlichkeit von Aussagen über Gott und die übernatürliche Offenbarung gemeinsam. Im Lehrschreiben über die Gottesfrage wurde prinzipiell die Möglichkeit einer natürlichen Gotteserkenntnis definiert.[182] D. h., es wurden nicht nur die gläubigen Christen in Pflicht genommen, sondern alle „Menschen guten Willens", auch die Agnostiker, denen sich Gott kundmachen wollte (Röm 1,19). Den Gläubigen wurde zwar ebenfalls gesagt, daß ihr Glaube rational zu rechtfertigen sei (1 Petr 3,15) und nicht nur auf Mythen, religiösen Phantasien und Gefühlen beruhe. Der Ungläubige wurde aber auch insofern angesprochen, als zunächst Vernunftsanalysen vorgestellt wurden, die prinzipiell jedem denkenden Menschen zu vermitteln waren, unabhängig davon, ob er eine übernatürliche Offenbarung oder gar ein verbindliches Lehramt der Kirche anzunehmen bereit war oder nicht.

(2) Diese fundamentale Stellungnahme zur umfassenden Kritik aller Metaphysik durch Immanuel Kant (+ 1804), seine Anhänger und eine „fideistische" Denkmode auch unter den Katholiken des 19. Jahrhunderts war nicht zu umgehen. So verstand der einflußreiche, aus dem Münsterland stammende Bonner Theologe Georg Hermes (+ 1831), den übernatürlichen Glauben der jüdisch-christlichen Tradition wie die „praktischen Vernunft" von Immanuel Kant, durch die man zwar Gott postulieren, aber nicht erweisen könne. Das hieße, daß sich der Glaube der Christen eigentlich rationalem Verstehen entzöge und

---

182 *Dogmatische Konstitution „Dei Filius" über den katholischen Glauben* (3. Sitzung, 24. April 1870): DH, Nr 3000 - 3045, 812 - 824.

höchstens als irrationale Befindlichkeit der Motivation ethischen Verhaltens dienen könne.[183] Es ging um einen metaphysischen Irrationalismus, der als Kehrseite des Kant'schen Kritizismus mit seinen hochgesteckten Zielen wissenschaftstheoretischer Art verstanden werden konnte. Und dieser tangierte sehr wohl auch die kirchliche Lehrautorität. Die Haltung „Gefühl ist alles" und die daraus resultierende Unverbindlichkeit einer pantheistischen Gefühlsreligiosität war schon im klassischen Zeitalter Weimars bekannt. Dem Rationalisten und Irrationalisten war gemeinsam, daß für sie die Apostel nicht mehr „die Säulen und Grundfesten der Wahrheit" (1 Tim 3,15) waren und schon gar nicht deren Nachfolger. Insofern ging es in *Dei Filius* um Vorfragen des eigentlichen Glaubens, die sgn. „Glaubenspräambeln" (die *praeambula fidei*), über die das kirchliche Lehramt auch befinden mußte. Denn einer Philosophie, der das Personsein Gottes, die Freiheit Gottes und des Menschen und das Axiom vom zureichenden Grund fremd ist, wird natürlich auch der schaffende und sprechende Gott der Bibel schwer zu vermitteln sein.

(3) Über die „Säulen und Grundfesten der Wahrheit" im eben zitierten Sinn, ja über die Vollmacht der Nachfolger des Apostelfürsten Petrus handelte nun das Dokument *Pastor Aeternus* über die Kirche. Es enthielt zweierlei: die Lehre vom päpstlichen Jurisdiktionsprimat und die der „Irreformabilität" von feierlichen päpstlichen Kathedralentscheidungen über Fragen des Glaubens und der Sittlichkeit.[184] Im ersten Bereich ging es um die durch Französische Revolution und Säkularisation möglich gewordene Sprengung der Jahrhunderte alten Fesseln des konfessionellen Absolutismus und des Staatskirchentums, konkret um die Korrektur des gallikanischen, febronianischen, und josephinischen Systems in Theorie und Praxis. Diese staatskirchlichen Doktrinen und Systeme wiederholten auf „katholisch" die grundsätzliche Absage an die Lehre von der „Rechtskirche", die Luther 1520 durch eine den Propheten nachempfundene „Tathandlung", nämlich die Verbrennung der päpstlichen Dekretalien vor dem Elstertor in Wittenberg ausgedrückt hatte.[185] Das bischöfliche Hirtenamt einschließlich des Petrusdienstes war nach katholischer Lehrtradition in Bibel

---

[183] Art. „Hermesianism", in: *Oxford Dictionary of the Christian Church*, ed. F. L. CROSS, Dritte Aufl. E. A. LIVINGSTONE, Oxford 1997, 761. Hermann H. SCHWENDT, Art. „Hermes", „Hermesianismus", in: LThK (1996), 10 ff. Robert AUBERT, dd., in: DHGE 24 (1993), 99.

[184] Erstes Vatikanische Konzil, *Erste Dogmatische Konstitution „Pastor Aeternus" über die Kirche Christi* (4. Sitzung, 18. Juli 1870): DH, Nr. 3050 - 3075, 824 - 833.

[185] Erwin ISERLOH, *Der gebannte Mönch vor dem Reichstag zu Worms*, in: HKG IV (1985), 77. „Warum des Papstes und seiner Jünger Bücher verbrannt sind", in: WA 7, 152 - 182.

und ältester Vätertradition sehr wohl angelegt und schon im Mittelalter voll entfaltet worden. So konnten sich die Väter des Ersten Vatikanums mit großer Mehrheit in dieser Frage nicht mit einem „Ehrenprimat" im Sinne der ostkirchlichen oder febronianischen Tradition zufrieden geben. Vielmehr stimmten sie dem Petrusamt als Inhaber einer wahrhaft bischöflichen, ordentlichen und direkten Hirtengewalt zu (einer *potestas vere episcopalis, ordinaria et directa*). D. h., der Papst sollte nach einer altkirchlichen Formel als „Bischof der Bischöfe" in der ganzen Kirche hirtenamtlich wirken können[186]. Das konnte von Amts wegen, ohne eine besondere Beauftragung oder Genehmigung, ungehindert und direkt, in den einzelnen Teilkirchen ermöglicht werden. Praktisch bedeutete das, daß die Päpste von nun an und anders als vor 1848 ohne Behinderung durch die jeweilige staatliche Gewalt in den einzelnen Territorien und Diözesen amtshandeln konnten, etwa durch Veröffentlichung einer päpstlichen Bulle, später durch Kodifizierung des Kirchenrechtes und die zunehmende Praxis päpstlicher Lehr- und Rundschreiben. Die Vollmacht sollte sowohl verwaltungsmäßig etwa bei der freien Besetzung der Bischofsstellen als auch richterlich durch entsprechende Sprüche und deren kanonische Einforderung ausgeübt werden.

(4) Der zweite Teil[187] der Konstitution behandelt den Lehrprimat oder die Infallibilitätsfrage: In der Auslegung der christlichen Glaubenstradition könne der römische Papst unwiderrufliche Aussagen über Gegenstände der kirchlichen Glaubens- und Sittenlehre machen. Die unfehlbaren Definitionen des Papstes erfolgen *ex cathedra*, d. h. in einer feierlicher Form, die den Charakter der „Dogmatisierung" eindeutig erkennen lassen. Die Entscheidung bedürfe keiner nachträglichen Bestätigung bzw. Sanktion durch den Episkopat oder ein Konzil. D. h., die Dogmatisierung erfolgt unabhängig aufgrund des Petrusamtes (*ex sese non ex consensu ecclesiae*), wie die heftig erörterte Formel lautete. Dabei muß der Papst nicht direkt vom Heiligen Geist „inspiriert" sein. Vielmehr verhindert nur die göttliche „Assistenz", daß er die Ge-

---

[186] TERTULLIAN, *De pudicitia*, in: PL 3, 980 und 982, möglicher Weise auch ironisch und polemisch über die seiner Auffassung nach zu milde Bußdisziplin des römischen Bischof. Über Ehebrecher und Abtrünnige: „Keiner setzte sich selbst als Bischof der Bischöfe ein (... episcopum se episcoporum constituit, aut tyrannico terrore .... collegas suas adigit...)": CYPRIAN von Karthago, *Epist.* 20, in: PL 3, 785. *Konzil von Karthago* (257), *Acta*, in: PL 3, 1053: Dabei wird aus der Stelle nicht eindeutig klar, ob ausschließlich der römische Patriarch oder auch ein anderer „apostolischer" Bischof der Bischöfe gemeint war.

[187] Erstes Vatikanische Konzil. *Pastor Aeternus*, Kapitel 4, DH, Nr. 3065 - 3975.

samtkirche in den Irrtum führt oder sie in diesem beharren läßt. Die Unabhängigkeit des Papstes in der Ausübung seiner Amtsgnade entbindet ihn aber nicht von der moralischen Pflicht der Information, des Studiums und der Erforschung des Glaubenskonsenses in der Gesamtkirche.[188] „Authentische" Lehren des ordentlichen Lehramtes, können auch verbindlich sein, auch wenn sie nicht feierliche Definitionen enthalten. Sie betreffen vor allem die erwähnten Glaubenspräambeln und „theologischen Tatsachen". Dazu gehören philosophische Wahrheiten, die als Glaubenspräambel zum rechten Verständnis der Offenbarung erforderlich sind, wie wir schon oben andeuteten. Dazu kamen sgn. „theologische Tatsachen" (*facta theologica*) wie die Kanonisation von Heiligen, Approbation von Orden, Anerkennung gespendeter Sakramente, Bestätigung von Konzilien u. a., die als verbindlich galten.

(5) Die Übertreibungen und Befürchtungen, welche die Gegner der Definition in der Hitze der vorangehenden Polemik geäußert hatten, trafen allesamt nicht ein. „Unfehlbarkeit" wurde künftig niemals im Sinne von Sündenfreiheit verstanden. Sie bedeutete daher nicht notwendig persönliche Heiligkeit des Papstes. Sie wurde auch von Anfang an durch authentische Kommentare nicht als irgend eine Unfehlbarkeit des obersten Pontifex in seiner Eigenschaft als Privattheologe, Autor und Gelehrter ausgelegt. Die Definition beherrschte auch nicht den Alltag des kirchlichen Lebens, wie sich das manch radikalerer Ultramontanist vorgestellt hatte[189]. Neben den feierlich formulierten „päpstlichen" Dogmen, dem von der *Immaculata* (1854) und dem von der *Assumptio* BMV (1950) wurden zwei weitere päpstliche Dokumente auch in der Vergangenheit mit dem formalen Anspruch auf dogmatische Unfehlbarkeit geschrieben[190]: Die Bulle *Unam Sanctam* (1302) von Bonifatius VIII. über die beiden Gewalten und die Einheit der Kirche[191], *Benedictus Deus* (1336) von Benedikt XII. über die Ewige Schau Gottes[192]; etwas weniger eindeutig war diesbezüglich das Dekret über den Jansenismus von Alexander VIII. (1690)[193] und das Breve von In-

---

188 Wolfgang BEINERT, Art., „Unfehlbarkeit", in: LThK 10 (2001), 389 - 392. Der Verfasser bestreitet die allgemeine Verbindlichkeit des Ordentlichen Lehramtes.

189 Die diesbezüglich auffälligsten Zeitschriften waren die irische *Dublin Review*, das französischen *Universe* und die *Civiltá Cattolica* der römischen Jesuiten.

190 „Welche päpstliche Entscheidungen galten nach dem 1. Vaticanum als 'ex cathedra'?" (Anhang 4): Klaus SCHATZ, *Vaticanum* I 1869 - 1879/ Bd. III („Unfehlbarkeitsdiskussion und Rezeption"), Paderborn etc. 1994, 331 - 339.

191 DH, Nr. 870 - 875.

192 Die Konstitution „Benedictus Deus" (29. Jänner 1336): DH, Nr. 1000 - 1002.

193 ALEXANDER VIII., Dekret des Hl. Offizium (7. Dezember 1690): Irrtümer der Jansenisten: DH, Nr. 2301 - 2332.

nozenz XII. über den Quietismus (1699)[194]. Verschiedene Autoren hielten die Erklärung Leos XIII. über die Gültigkeit der anglikanischen Weihen (1896), seine Verurteilung des „Amerikanismus" (1899), die Enzyklika *Pascendi* Pius' X. über den Modernismus (1907) und *Casti conubii* Pius' XI. für „unfehlbar" in diesem Sinn.[195] Der Alltag der Kirche ist bis heute nicht vom „außerordentlichen", sondern vom „ordentlichen" Lehramt des Papstes durch eine Fülle von Lehrschreiben (Enzykliken) und von sonstigen „authentischen" Enuntiationen bestimmt. Die Kirchenkonstitution des Zweiten Vaticanum hat die Beschlüsse des Ersten voll übernommen und gleichzeitig auf die Verbindlichkeit auch des ordentlichen Lehramtes verwiesen.[196]

(6) Es soll nicht geleugnet werden, daß es sich bei den päpstlichen Dogmatisierungen von 1854 und 1950 um eine neue Akzentuierung des außerordentlichen kirchlichen Lehramtes handelte. Autoren sprechen von einer durch die Säkularisation bedingten neuartigen Akzentverschiebung der päpstlicher Lehrgewalt, die geradezu ein Zusammenfallen mit dem Leitungsprimat mit sich brachte.[197] Aber insgesamt liegt uraltes Glaubensgut vor, wie es sich bei John Henry Newman immer noch gültig nachlesen läßt.[198] Der Geist Friedrich Schleiermachers (+ 1834) von der jeweiligen „Erfindung" der Dogmen, eine eher romantische und philosophisch-idealistische Konzeption, hat bei der Dogmatisierung von 1870 keine wirkliche Rolle gespielt, auch wenn manche Autoren eine „dezisionistischen Zeitgeist" für dogmatische Entscheidungsfreudigkeit mit verantwortlich machen.[199] Vielleicht waren einige Heißsporne in den verschiedenen Lagern der damalige Konzilspublizistik etwas vom „idealistischen" Schöpferwahn des Jahrhunderts geprägt. Friedrich Hegels Denkgewohnheiten vom „absoluten Geist", der sich im geschriebenen Wort vor allem auch der Druckmedien manifestieren sollte, erwiesen sich als verführerisch. Selbst Döllingers (+ 1890) bekannter Konzilsjournalismus ist hier nicht vom „Historismus" frei, wie wir schon eingangs angemerkt haben.

---

194 INNOZENZ XII., *Breve* „Cum alias ad apostolatus" (12. März 1699): DH, Nr. 2351 - 2382.

195 Klaus SCHATZ, *Vaticanum*, aaO, 332 f.

196 „Hoc vero religiosum voluntatis et intellectus obsequium reverentur agnoscatur, et sententiis ab eo prolatis sincere adhaereatur, iuxta mentem et voluntatem ...": Das Zweite Vatikanisches Konzil, *Dogmatische Konstitution Lumen Gentium*, Art. 25, LThK/I (1966), 156 - 347, 234 - 243, 236 f. DH, Nr. 4149 f., 1204 - 1207.

197 „... Zentrum der Einheit ... Quelle der katholischen Wahrheit...": Klaus SCHATZ, *Primat*, aaO, 174 ff., 185.

198 John Henry Kardinal NEWMAN, *An Essay on the Development Christian Doctrine*, Oxford 1878, ed. Ian KER, Notre Dame, Indiana 1989, 148 ff.: „Papal Supremacy".

199 „... Überbetonung des Dezisionistischen ...: Klaus SCHATZ, *Primat*, aaO, 180.

(7) Daß päpstliche Kathedralentscheidungen nicht unbedingt als Durchführung eines gesamtkirchlichen Mehrheitsbeschlusses zu verstehen seien oder gar erst durch Zustimmung der Gesamtkirche (*ex consensu ecclesiae*) so wie kirchliche Gesetze und Erlasse zustande kämen oder rechtsgültig würden, daß sie auch keiner nachträglichen Sanktionen durch den Episkopat bedürften, stieß, wie gesagt, vor der Definition auf vehementen Widerstand. Historisch war diese Formulierung sicher als wörtliche Absage an den vierten Gallikanischen Artikel gedacht und als solche zu interpretieren.[200] Wenigstens bei den letzte beiden, feierlich definierten „päpstlichen" Dogmen holte sowohl Pius IX. (1854) wie auch Pius XII. (1950) die Voten des Weltepiskopats ein. Damit drückten sie aus, daß sie sehr wohl die Eigenverantwortung des obersten kirchlichen Amtes mit dem Votum der Weltkirche im Einklang sehen wollten. Im übrigen sollte durch die harte Formulierung ein überaus aktuelles Problem angerührt werden: daß nämlich in Wahrheitsfragen nicht Mehrheitsbeschlüsse zum Ziel führten.

(8) Wir können *Pastor Aeternus* als Abschluß eines fast 1500jährigen Ringens des höchsten geistlichen Amtes verstehen, zuerst mit der Bevormundung durch den spätantiken *„Pontifex Maximus"*[201], dann mit der Bedrückung und Gefährdung durch allerlei Stammeskönige und *Patricii*, dann mit dem Eigenkirchenwesen der fränkischen Könige zu Rande zu kommen; schließlich bedurfte es der Emanzipation vom westlichen *Imperium* mit seiner „Kirchenvogtei"; in der Neuzeit war es dann das moderne Staatskirchentum („Kirche im Staat"), das in der Praxis den überstaatlichen Charakter der Kirche und ihre Eigenschaft als „societas perfecta" leugnete, wie es Robert Bellarmin SJ (+ 1621) formulierte. Dabei übertraf in den säkularen mittelalterlichen Auseinandersetzungen zwischen Papst (*sacerdotium*) und Kaiser (*imperium*) die Primatsfrage bei weitem die der Lehrautorität an aktueller Bedeutung. Die Lehrautorität wurde gerade von Kreisen der Armutbewegung auf Kosten der weltlichen Aspekte des Papsttums betont, wie die Studien des amerikanischen Franziskaners Brian Tierney zeigten.[202]

---

[200] Die Gallikanischen Artikel (1682): L. JUST, Art. „Gallikanismus", in: LThK 4 (1965), 499 - 503.

[201] Kaiser Gratian legte 378 schon vor Theodosius (380) „Amt und Titel" des „Pontifex Maximus" nieder (M. BIERBAUM, Art. „Pontifex Maximus", in: LThK 8 <1963>, 613) aber der Mentalität, die damit ausgedrückt wurde und welche die vorchristliche Religionsgeschichte für sich beanspruchen konnte, vermochten sich die Herrschenden nicht so schnell zu entledigen.

[202] Brian TIERNEY, *A conciliar theory of the thirteenth century*, in: *Catholic Historical Review* 36 (1951), 415 - 441.

Fast zur gleichen Zeit wie diese kam Joseph Ratzinger in seinen frühen Bonaventura-Arbeiten zu ähnlichen Ergebnissen, die er kürzlich in seinem *Communio*-Buch so zusammenfaßte: Der neue „Stand" apostolischer Prediger aus der Mendikantenbewegung habe "ihren Rückhalt am Träger eines universalkirchlichen Amtes, am Papst als Garanten der missionarischen Sendung und des Aufbaus der einen Kirche" gefunden.[203]

(9) Das Phänomen des europäischen Ultramontanismus sollte nicht ausschließlich von den radikalen postrevolutionären Vertretern dieser Denkrichtung beurteilt werden, wie das häufig mit dem Hinweis auf den Savoyarden und Diplomaten Joseph de Maistre mit seinem Buch *Le pape* (1817) geschieht. Der philosophische Ultramontanismus setzt schon viel früher ein, als der Stern Bonapartes noch im Steigen begriffen war. In ihm kommt geradezu ein wichtiger Aspekt des *sensus fidelium* zur Geltung, den vor allem Konvertiten aus dem Luthertum, aus pietistischen Kreisen, später aus dem französischen Jakobinertum und dem Anglikanismus bezeugen. Das Papsttum wurde stärker als früher als Wesensbestandteil der christlichen Gesellschaft angesehen. Dabei ist zu beachten, daß diese Papst-„Pietät" nicht erst mit dem Fall Bonapartes einsetzte. Sie zeigte vor allem bei Konvertiten aus dem Protestantismus die viel bedeutsamere geistige Krise an. Es ging vielen Intellektuellen von Friedrich von Hardenberg (+ 1801) über Friedrich Leopold zu Stolberg-Stolberg (+ 1819) bis hin zu John Henry Newman (+ 1890) um den Wahrheitsbegriff. Sie konnten und wollten die Auflösung des Offenbarungsglaubens durch eine zersetzende liberale Bibelkritik nicht mehr hinnehmen. Ich finde es daher auch für etwas mißverständlich, wenn von einem „Sieg der Ultramontanen" über die „Liberalen" im 19. Jahrhundert gesprochen wird.[204] Dadurch wird zu wenig deutlich, daß es beim Streit um das Erste Vatikanische Konzil primär um die „Wahrheitsfrage" und die Korrektur alter Glaubensirrtümer ging, nur sekundär und marginal um Richtung- oder gar um Machtkämpfe.

---

203 Joseph RATZINGER, *Weggemeinschaft des Glaubens, Kirche als Communio* (2002), aaO, 168 ff., 170, Anm. 19 mit Bezug auch auf Yves CONGAR. Joseph RATZINGER, *Das neue Volk Gottes*. Entwürfe zur Ekklesiologie, Düsseldorf 1969, 51 - 69.

204 Klaus SCHATZ, *Primat*, aaO, 178 ff. Der Verfasser macht es übrigens an dieser Stelle ganz deutlich, daß der Ultramontanismus - eine Generation, bevor das Papsttum regulierend eingreifen konnte, - im „Volk" da war.

(10) Der philosophisch-romantische Ultramontanismus eines Novalis (+ 1801) sah im Papsttum den Inbegriff einer erstrebenswerten „Zeichenhaftigkeit" des Christentums, die Heilkraft „der Bilder der Geschichte", die allein der „Tyrannei der Buchstaben", dem reformatorischen und aufgeklärten Rationalismus Paroli bieten könne.[205] Der politisierende Revertit, Felicité d'Lamennais (+ 1854), mußte in seiner späteren Entwicklung mit seiner sozial-liberalen Konzeption von den Päpsten als nicht mehr tolerierbare Zumutung empfunden werden.[206] Diese sollten eine politische Befreiungsbewegung (der Iren, Belgier und Polen) anführen. Religionspsychologisch näherte sich das einem blanken Messianismus chiliastischen Einschlags. Die katholischen Minderheiten in Großbritannien, den protestantischen Niederlanden - und auch in Polen erwarteten sich teilweise auch als ethnische unterschiedliche Gruppierungen umfassende „Emanzipation" - auch mit Hilfe des Papstes. In diesem Sinn war auch Ignaz von Döllinger (+ 1890), der prominente Gegner des Ersten Vatikanums, noch 1849 auf der dritten Generalversammlung des Katholikentags in Regensburg ein „Ultramontaner".[207] Er erhoffte die Unterstützung und Sammlung der deutschen Minoritätskatholiken durch einen „unfehlbaren" Papst. Sogar die italienische Guelfen (wie Niccolò Tommaseo, + 1874, Vincenzo Gioberti, + 1852, und Antonio Rosmini, 1855) konnten sich 1848 noch eine nationale Einigung unter der Führung des Papstes und Rom als dessen „freie Stadt" im vereinten Italien vorstellen.[208] Dabei dürfte ihre große Breitenwirkung den Empfindungen vieler Italiener entsprochen haben, die gewillt waren, die unausweichlichen Errungenschaften der „Moderne" mit der großen Tradition des päpstlichen Roms zu verbinden und dem *Nova et Vetera* (Mt 13,52) des biblischen Hausvaters durchaus den Vorzug vor umstürzlerischen Maßnahmen zu geben. Wir sehen, wie sehr auch das neue Papsttum nach der Säkularisation von der „Papstfrömmigkeit" politisch beurteilt, ja teilweise sogar hätte vereinnahmt werden sollen.

---

205 Gerhard B. WINKLER, *Friedrich von Hardenberg (Novalis), „Die Christenheit oder Europa"*, aaO, 531 - 540.

206 Hermann H. SCHWEDT, Art. „La Mennais, Hugo-Felicité-Robert de", in: LThK (1997), 568 f.

207 Zum ersten Katholikentag in Regensburg (1849): Harald TALGNER, *Die deutschen Katholikentage (1848 - 1869).* Zu einer Mentalitätsgeschichte des Ultramontanismus, Diss. Salzburg 1990, 120, 174 - 177 (Kirche als „Sakrament" der Freiheit); 177 - 183 („Die Rede Döllingers über die Kirchenfreiheit" u. a.).

208 Roger AUBERT, *Die Katholiken und das Problem der italienischen Einheit*, in: HKG VI/1 (1985), 375 - 380, 377 ff.

(11) Hermann J. Pottmeyer vertrat in seiner Habilitationsschrift vor gut dreißig Jahren die Ansicht, daß die Unfehlbarkeitserklärung des Konzils eine Kompensation für den Verlust der weltlichen Herrschaft gewesen sei.[209] Daran stimmt sicher, daß sich dem Papsttum und der Kirche überhaupt erst durch die nicht kirchenfreundlich gedachte Säkularisation neue Freiräume eröffneten, die ein und ein halbtausend Jahre undenkbar gewesen wären.[210] D. h., erst durch die Auflösung der geistlichen Fürstentümer, den Zusammenbruch des Spätabsolutismus und das Ende des Staatskirchentums war für das Papsttum der Weg für die Lehre von der *potestas vere episcopalis, ordinaria et directa* frei geworden.[211] Allerdings werden wir heute eher sagen müssen, daß die Unfehlbarkeitslehre weniger mit dem Ende des Kirchenstaats als solchem zu tun hatte als mit Glaubenskrise des Jahrhunderts Hegels, Feuerbachs und Darwins. Diese bestand eben schon im intellektuellen, philosophischen und vor allem metaphysischen Skeptizismus des faustischen Zeitalters, das zwar gigantische neue Welten schuf, sich aber in den eigenen vier Wänden nicht mehr zurechtfand.

---

209 Vgl. auch Hermann J. POTTMEYER, *Das Unfehlbarkeitsdogma im Streit der Interpretationen*, in: Karl LEHMANN (Hrgb.), *Das Petrusamt*, München etc. 1982, 89 - 109.

210 Die alte Reichskirche war zerschlagen und mußte völlig neu geordnet werden: Klaus SCHATZ, Primat, aaO, 177.

211 Durch die Säkularisation hätten die Fürsten nur kurzfristig an Einfluß über die Kirche gewonnen, langfristig mußten sie dem Papst geben, was des Papstes ist. Weder der Gallikanismus noch die deutsche Reichskirche war ähnlich wie das Papsttum zu einer revolutionären Umstellung fähig: Klaus SCHATZ, *Primat*, aaO, 178.

ACHTZEHNTES KAPITEL

Exkurs und Zusammenfassung: Der Jurisdiktionsprimat der Päpste und die *Imitatio imperii*.[212]

Als Kaiser Konstantin nach der siegreichen Schlacht an der Milvischen Brücke 313 die Duldung für die Kirche dekretierte, und 380 die Erhebung des Christentums zur Reichsreligion folgte, begrüßten die bislang unterdrückten und verfolgten Christen die kommenden Jahre als neue Heilszeit.[213] Dem bekehrten Herrscher sangen sie das „Christus vincit, Christus regnat, Christus imperat". Noch im Späten Mittelalter gab es Stimmen, die besagten, daß das Christentum so eigentlich erst mit jener Konstantinischen Wende begonnen habe, weil der christliche Herrscher durch seine Taufe die Gottesherrschaft in der Kirche zum Greifen nahe gebracht habe.[214] Im Zuge der Ereignisse war das

---

212 Der Begriff stammt aus dem *Constitutum Constantini*: CARL MIRBT, KURT ALAND (Ed.), *Quellen*, aaO, Nr. 504, 251 - 256). Vgl. die neuere Arbeit zur Kaisernachahmung der Papstbegräbnisse: MICHAEL BORGOLTE, *Petrusnachfolge und Kaiserimitation*, Göttingen 1989, 155, Anm. 33; PERCY ERNST SCHRAMM, *Sacerdotium und regnum im Austausch ihrer Vorrechte: „imitatio imperii" und „imitatio sacerdotii"*, in: Kaiser, Könige und Päpste, Gesammelte Aufsätze 4, 1, Stuttgart 1970, 57 - 106. Ders., *Imitatio imperii in der Zeit des Reformpapsttums*, in: Kaiser, Könige und Päpste, aaO, 353 - 359. ERNST H. KANTOROWICZ, *Laudes regiae. Study in liturgical acclamations and medieval ruler worship*, Berkeley - Los Angeles 1946, 129 - 142.
Dieses Kapitel wurde erstmals gedruckt als Beitrag in *Person und Funktion*, hrgb. Walter M. NEIDL und Friedrich HARTL, Fs. Jakob HOMMES, Regensburg 1998, 211 - 222.

213 EUSEBIUS VON CÄSAREA (um 263 - 339), *Historia ecclesiastica* (Kirchengeschichte), hrgb. HEINRICH KRAFT, München 1967, 411 ff., Zehntes Buch, 3: „Da bot sich das Schauspiel, von uns allen erfleht und ersehnt: Erneuerungsfeste werden in den Städten gefeiert und die Weihe der soeben erbauten Bethäuser. Bischöfe ... und Volk verbinden sich in vollendeter Einheit." - BERTHOLD ALTANER, ALFRED STUIBER, *Patrologie*, aaO, 217: „Als kaiserfrommer Staatsbischof entwickelte er <Eusebius> ein christliches Kaiser- und Reichsideal, das stark und lange nachwirkte, auch im Westen."

214 MARSILIUS VON PADUA, Pariser Universitätsrektor, schrieb 1324 im Zusammenhang mit dem Theoretischen Armutstreit der Franziskaner seinen *Defensor pacis*, in dem er die klare Überordnung der staatlichen Gewalt über die kirchliche Jurisdiktion forderte. Ein Hauptargument für seinen staatskirchlichen Integralismus war die Stellung KONSTANTINS DES GROßEN als eines typischen Kirchenherren. Carl MIRBT/Kurt ALAND, *Quellen*, aaO, 462 - 468, Nr. 751 f. - Eine bemerkenswert positive Sicht der politischen Öffnung der alten Kirche und damit eine völlig unschwärmerische Deutung der Konstantinischen Wende legte vor einigen Jahren ein amerikanischer Gelehrter mit bemerkenswerten Einsichten vor: RICHARD SENNETT, *Verfall und Ende des öffentlichen*

Papsttum zu einem privilegierten Wesensbestandteil des Mittelalters geworden.[215] Gleichzeitig verstummten aber auch nicht die Stimmen des Unbehagens und der Kritik. So klagten etwa Vertreter der mittelalterlichen Armutbewegung schon im 13. Jahrhundert, daß Papst Silvester I. (311 - 324), als er in den Palast Kaiser Konstantins eingezogen sei, die wahre Kirche verraten habe. Das wahre Papsttum der apostolischen Armut lebe in einer Kirche des apostolischen Untergrunds weiter, dessen Nachfolger die Waldenser seien.[216] Selbst ein Walther von der Vogelweide (ca. 1170 - ca. 1230) ließ alle Probleme seiner Zeit im Streit zwischen Kirche und Reich bei Konstantin und der quasikaiserlichen Stellung des Papsttums beginnen.[217]

Daß es sich hier um ein tausendjähriges Strukturproblem handelt, das schon deshalb Behutsamkeit bei der Behandlung verdient, soll hier gezeigt werden. Außerdem sollte deutlich werden, daß der Streit zwischen „Priestertum" und „Reich" nicht erst durch Gregor VII. (1073 -

---

Lebens. Die Tyrannei der Intimität (Original: „The Fall of Public Man", New York 1977), Frankfurt/Main 1983. Er sah die Konstantinische Wende der antiken Christenheit als providentielle Entscheidung der Kirche gegen die Esoterik, die Neigung zur Sektenbildung und den Hedonismus einer sterbenden Zivilisation.

215 In der Tatsache, daß das Papsttum im Mittelalter im Unterschied zu Antike und Neuzeit in einzigartiger Weise die *respublica Christiana* prägte, ohne daß das derzeitige Reizwort vom päpstlichen Zentralismus sinnvoll anzuwenden wäre, besteht unter den Mediävisten und Papsthistorikern ein weitgehender Konsens. Vgl. etwa den evangelischen Kirchenhistoriker KURT DIETRICH SCHMID, *Grundriß der Kirchengeschichte*, aaO, 187 - 190 („Der Aufstieg des Papsttums zur universalen Macht in Kirche und Welt.")

216 Jgnaz von DÖLLINGER, *Beiträge zur Sektengeschichte des Mittelalters*, II. Teil (DOKUMENTE), München 1890, Repr. Darmstadt 1968, 352: „Videns Constantinius se a tam miserabili infirmitate in Christi nomine sanatum cogitavit honorare qui se mundaverat et coronam imperii et dignitatem tradidit ei. Ille vero accepit. Socius autem eius ut enarrare audivit ab eo recessit et his non consensit, sed viam paupertatis tenuit." Dazu vgl. Ergebnisse der Forschung: N. N., Art. „Waldenses", in: Enz. Brit. 23 (1960), 287 - 289, 287: „According to this view the church was pure and incorrupt until the time of Constantine, when Pope Sylvester gained the first temporal possession for the papacy, and so began the system of a rich, powerful and worldly church, with Rome for its capital."

217 WALTHER VON DER VOGELWEIDE wirkte als „Spruchsprecher", d. h. als dichterischer „Propagandist" für die Staufer Philipp und Friedrich II. in ihrem Streit mit Innozenz III. (1198 - 1216) und Gregor IX. (1227 - 1241). *Die Gedichte Walthers von der Vogelweide*, 12. Aufl. hrgb. CARL VON KRAUS, Berlin 1959. In seinem dritten „Reichsspruch" „Ich sach mit mînen ougen" läßt er den Klausner von Innozenz sagen: „owe der bâbest ist ze junc <mit 37 Jahren gewählt>, hilf, hêrre, dîner kristenheit." Nr. 9, 39. In Nr 10, 29 ff. sagt er „künic Constantîn" hätte bei seiner Schenkung nicht gewußt, was er da tat.

218 Dogmatische Konstitution *Pastor aeternus* vom 18. Juli 1870 der Vierten Sitzung des Ersten Vaticanum, DH, Nr. 3050 - 3075, 3060: „potestas ordinaria, vere episcopalis iurisdictionis ... immediata ..."

1085) aus oberflächlichen Machtgelüsten vom Zaun gebrochen wurde; vielmehr sollte der Gregorianismus als Ringen um die Reinheit des kirchlichen Auftrags gesehen werden. Dabei könnte sich auch die Einsicht durchsetzen, daß die „Entsakralisierung" des Staates, die wir in der westlichen Welt kennen, für die Menschen nicht nur als Nachteil zu betrachten ist. Ich möchte hier die These vertreten, daß das päpstliche (und übrigens auch allgemein bischöfliche) Spiel mit kaiserlicher Symbolik im wesentlichen den Zweck verfolgte, sich den summepiskopalen Ansprüchen der politischen Gewalt zu widersetzen. D. h., „quasikaiserliche" Ansprüche dienten dazu, universale geistliche Amtsausübung, frei und unbehindert, anzustreben. Später nannte man das den päpstlichen Jurisdiktionsprimat, nämlich die *potestas directa, ordinaria, vere episcopalis*.[218]

I.

Eines der ersten und wichtigsten Dokumente im Kampf um die Emanzipation der Kirche (die *libertas ecclesiae*) war neben der älteren Silvesterlegende, der Symmachischen Fälschung (unter Papst Symmachus, 496 - 514) und dem Gelasianischen Dekret (unter dem Namen des Papstes Gelasius, 492 - 496)[219] das sgn. *Constitutum Constantini*, das vielfach als echt angesehen wurde, bis es 1433 Nikolaus von Kues (1401 - 1464) und einige Jahre später der päpstliche Skribent Lorenzo Valla (ca. 1406 - 1457) endgültig als Fälschung erkannten.[220] Hier braucht kein Wort über die Funktion spätantiker und mittelalterlicher "Fälschungen" verloren zu werden, weil dieser Modus, wirkliche oder vermeintliche Rechtsansprüche geltend zu machen, jedem Mediävisten bekannt ist. Es war der als legitim angesehene Versuch, bestehende, vielfach ohne Dokumente mündlich erworbene oder aus verschiedenen Titeln beanspruchte Rechte durch eine geschichtliche Einkleidung oder erbauliche Legende zurückzudatieren. Dadurch sollte die Autorität des Rechtsanspruches durch das Argument der *antiquitas* unterstrichen werden. In unserem Fall wurde ein Rechtszustand, der sich in den Wirren der Völkerwanderung praktisch schon um 500 entwickelt hatte

---

219 Zum *Decretum Gelasianum*, anfangs des 6. Jahrhunderts in Italien oder Südfrankreich entstanden und Papst Gelasius zugeschrieben, vgl. Carl MIRBT/ Kurt ALAND, *Quellen*, aaO, 222 - 228, Nr. 462 ff. Zum *Constitutum Silvestri* des Papstes Symmachus vgl. ebd., 229 f., Nr. 468. DH, Nr. 350 - 354.

220 CUSANUS, *De concordantia catholica*, Buch 3, Kapitel 2. N.N., Art. „Cusanus, Nicolaus", in: Enz. Brit. 6 (1962), 901. Horst FUHRMANN, Art. „Konstantinische Schenkung", in: LexMA 5 (1991), 1385 - 1387, 1386.

und spätestens 754 bzw. 756 durch die Pippin'sche Schenkung auch formal bestätigt wurde, in die Zeit Konstantins und Silvesters zurückdatiert. Dabei galt ein Kern der Geschichte wie die Verlegung der kaiserlichen Residenz nach Konstantinopel und die Privilegierung und Beschenkung des Papstes auch schon für das 4. Jahrhundert. Unser Dokument spiegelt demnach eine 400jährige Rechtsgeschichte, im wesentlichen aber Selbstverständnis, Rechtslage und Tatsachen des späten 8. Jahrhunderts.

Im *Constitutum Constantini* wurden nun dem Papst eine Reihe kaiserlicher Symbole gewährt, die man bei oberflächlicher Betrachtung als Konkurrenz des päpstlichen Hirtenamtes mit der kaiserlichen Macht deuten konnte.[221] Diese Ansicht läßt sich bei gründlicher Interpretation der Quellen nicht halten, obwohl sie zu einem Stehsatz nicht nur der polemischen Historie geworden ist.[222]

Denn die kaiserlichen Symbole hatten nach den Worten des Kaisers nur Gleichnischarakter „ad imitationem imperii nostri". (Par. 17) Das oberste geistliche Amt sollte durch die Insignien in das rechte Licht gerückt werden, in der Schreibweise des Dokuments „nicht billig feilgeboten werden". In Par. 18 unterscheidet das Dokument deutlich, der Tradition des Papstes Gelasius (492 - 496) folgend, zwischen den beiden Gewalten, dem irdischen „imperium" und dem „principatus sacerdotum", das vom himmlischen Kaiser eingesetzt sei. Der priesterliche „Prinzipat" (den wir wohl schon mit „Primat" übersetzen dürfen)

---

221 Horst FUHRMANN (Ed.) *Constitutum Constantini*, in: MGH, *Fontes iuris* 10, (1968). Carl MIRBT/ Kurt ALAND, *Quellen*, aaO, 251 - 256, Nr. 504: *Konstantinische Schenkung*, 254 f. (Par. 13 - 19): Kaisersymbole, Par. 7: „ad imitationem imperii nostri."

222 Als Beispiel sei hier die Interpretation eines Nachschlagewerkes zitiert, das ansonsten bekannt ist für seine Unbestechlichkeit, Differenziertheit der Darstellung und Ausgeglichenheit im Urteil. Es heißt von den südfranzösischen Heterodoxen des frühen 12. Jahrhunderts in N. N., Art. „Waldenses", in: Enz. Brit. 23 (1962), 287 - 289, 288.: „The teachers of these new opinions were men of high character and holy lives, who inspite of persecution wandered from place to place, and made many converts from those who were dissatisfied *at the want of clerical discipline which followed upon the struggle for temporal supremacy into which the reforming projects of Gregory VII. had carried the church.*"
Die Gleichzeitigkeit der gregorianischen Reformen und des Auftretens der ersten mittelalterlichen Ketzer wird in einem direkten Kausalzusammenhang (*post hoc, ergo propter hoc*) gesehen. - Ähnlich interpretiert, auch schon gewürdigt, Kurt Dietrich SCHMID, *Kirchengeschichte*, aaO, 190 - 194: „Der Papst als Oberherr der Welt." - Das bedeutet sicher eine Verkürzung der geschichtlichen Tatsachen. Dabei soll nicht in Abrede gestellt werden, daß der Gregorianismus auch Gefahren des Mißverständnisses in sich barg, auf die etwa BERNHARD VON CLAIRVAUX sehr deutlich in seinem Papstspiegel *De consideratione ad Eugenium papam*, verwies. *Sämtliche Werke, lateinisch/ deutsch*, hrgb. GERHARD B. WINKLER, Bd. 1, Innsbruck 1990, 626 - 827.

stammt demnach mit allen Konsequenzen von Gott, woraus sich vor 500 die Immunität des Papsttums mit fast zwingender Logik ergab.[223]

Der Papst bezog als besonders vielsagendes Symbol den kaiserlichen Lateranpalast, der zur ersten Kirche der Christenheit umgestaltet wurde. Unter den kaiserlichen Insignien und Gewändern sind vor allem Krone, „frigium" (die phrygische Mütze), Schultertuch, Purpurmantel, Tunika und Szepter genannt. Außerdem stehe dem Papst berittenes Gefolge bei Umzügen zu. (Par. 14) Der Papst bekommt kaiserlichen Streubesitz von Italien bis Palästina (Par. 13).

Die Analogie vom päpstlichen „Imperium" stimmt nur analog mit mehr Unähnlichkeit als Ähnlichkeit. Das Papsttum besaß nach dem weitgehenden Zusammenbruch der kaiserlichen Macht in Italien nur subsidiär eine sehr begrenzte imperiale Gewalt im Sinne einer lokalen Ordnungsmacht. Eine solche übten auch die Bischöfe seit den Konzilien von Nikaia (325) und Sardika oder Serdika (342/343), bedingt durch den Verfall des Dekurionenstandes, allmählich als Stadtherren aus.[224] Gregor der Große (+ 604) reorganisierte das aus weitverstreuten, aus kaiserlichen und anderen Stiftungen bestehende *Patrimonium Petri,* förderte seinen Ertrag und vermehrte es durch sein eigenes beträchtliche väterliche Erbe, aus dem später der Kirchenstaat entstand, der sogar noch den Wiener Kongreß überdauerte. Der Papst befestigte Rom gegen die Barbaren und sorgte wie die anderen Stadtbischöfe auch für Rechtsschutz und Rechtsprechung. Aber das Papsttum besaß nie eine nennenswerte Exekutive in imperialen Größenordnungen.

---

[223] Die päpstliche Immunität dürfte sicher rechtsphilosophisch nicht wesentlich anders begründet worden sein als heute die politische: Das ungestörte Wirken eines Würdenträgers für das Gemeinwohl bekommt den Vorrang vor privater juridischer Anfechtbarkeit. Dieser Rechtsgrundsatz wurde im Stile der Zeit durch ein Pauluszitat 1Kor 2,15 („Homo spiritualis a nemine iudicetur, ...") unterstützt. Wiederum war es kennzeichnend für eine Umkehrung einer Jahrtausendtradition, wenn etwa LUTHER in der Adelsschrift die „Immunität" des Papstes ablehnte und diesen im Sinne des Konziliarismus als anklagefähig erklärte: in: WA 6, 496 - 407 gegen die drei „Mauern" des Papsttums, die Autorität über die Laien („weltlich gewalt habe nit recht vbir sie"), die Schriftauslegung und die Konzilien.

[224] Im Laufe des 5. Jahrhunderts brachen nicht nur die Grenzen des weströmischen Reiches, auch die staatliche Ordnung in Italien war zerrüttet. Die kaiserliche Macht funktionierte noch im Bereich des Exarchats Ravenna und in der Basilikata Süditaliens. Germanische Heerführer fungierten als formal legitimierte Ordnungsmächte, wurden aber von der alten Bevölkerung als barbarische Bedrücker angesehen und verabscheut. Das war die Stunde lokaler Grundherren, nach dem Ausfall der „Dekurionen" in den Städten vor allem auch der Bischöfe. Diese übernahmen so wie auch der Bischof von Rom staatliche Aufgaben als lokale Schutzmacht für die romanische Bevölkerung. R. KAISER, Art. „Bischofsstadt", in: LexMA 2 (1983), 239 - 245, 239 f. Isnard FRANK, *Kirchengeschichte,* aaO, 40 f. („Bischof als Stadtherr").

Sonst hätte es nicht etwa des Konstanzer Vertrags von 1152/53 bedurft, in dem sich der Kaiser der geistlichen Gewalt zur Rechtshilfe verpflichtete.[225] Auch die Tatsache, daß das Papsttum bis ins 13. Jahrhundert und faktisch darüber hinaus auf einen weltlichen „Patricius" (als *defensor*) angewiesen war, zeigt, daß er ähnlich wie andere Kirchen ohne „Vogt" nicht voll rechtsfähig war. Entscheidend war nur für Bischof und Papst, ob es ihnen gelang, die Freiheit bei der Auswahl von „Vogt" und *defensor* zu wahren. Innozenz III. versuchte zwar wenigstens das Patrimonium Petri 1212 zu einem „vogtfreien" selbstständigen Königtum[226] zu machen, ähnlich wie die deutschen Hochstifte nach 1220, um ein für alle Male jede weitere Oberhoheit des Kaisers abzuwehren. Aber *de facto* waren die Päpste bis 1870 auf weltliche „Schutzmächte" angewiesen. Die päpstlichen „Schlüsselsoldaten" des 13. Jahrhunderts stellten einen kläglichen Versuch dar, mit den Mitteln einer kirchlichen Miliz dem Kaiser gegenüber zu bestehen. Als sich die Avignonenser Päpste im 14. Jahrhunderts gezwungen sahen, mit militärischer Macht das Patrimonium Petri zu „rekuperieren", mußten sie 80% ihres Jahresbudgets für Söldner und Galeeren verwenden.[227]

II.

Eine quasikaiserliche Analogie entwickelte sich in mehreren Bereichen kirchlicher Amtsführung, in Verwaltung und Rechtsprechung. Der christianisierte Senatorenadel hatte Ende des 4. Jahrhunderts (unter Papst Siricius, + 399) den kaiserlichen Urkundenstil in die päpstliche Kanzlei eingebracht.[228] Die alte Romidee fand immer mehr Eingang in das Papsttum und das Selbstverständnis des römischen Klerus. Petrus und Paulus wurden zu den christlichen Nachfolgern von Romulus und Remus.[229] Subsidiär füllten die Päpste teilweise

[225] TH. KÖLZER, Art. „Konstanzer Vertrag", in: LexMA 5 (1991), 1405.

[226] Vgl. INNOZENZ III., *Sermo in festo D. Silvestri Pontificis Maximi*, in: PL 217, 481 - 484, 481: Kaiser Konstantin habe dem Papst seine Krone (*coronam*) übertragen wollen. Der Papst habe aber aus Bescheidenheit statt des königlichen Diadems das *aurifrigium circulare* tragen wollen. Als Zeichen des *imperium* benütze jetzt der Papst die „Krone" (das *regnum*), als Zeichen des *pontificium* die Mitra, die er im Unterschied zur Krone immer tragen dürfe. B. SIRCH, *Der Ursprung der bischöflichen Mitra und der päpstlichen Tiara*, St. Ottilien 1975.

[227] M. D. KNOWLES, *Geschichte der Kirche*, hrgb. L. J. ROGIER etc., Bd. 2, Einsiedeln 1971, 368 - 375 („Die Päpste in Avignon"). Karl August FINK, *Die Kurie in Avignon*, in: HKG III (1985): *Die mittelalterliche Geschichte*, 413 - 425.

[228] J. N. D. KELLY, *The Oxford Dictionary of Popes*, Oxford 1986, Repr. 1990, 35 f. („St. Siricius", 384 - 399).

[229] Klaus SCHATZ, *Primat*, aaO, 46 f. („Roma christiana").

auch im Bereich der weltlichen Verwaltung das gegebene Autoritätsvakuum. Gregor der Große (590 - 604) wurde nicht nur durch seine pastoralen Schriften und die Mission der Angelsachsen zu einem der vier lateinischen Kirchenväter des Mittelalters. Er versorgte auch die Bewohner der von ihm befestigten Stadt mit Getreide wie ehedem die Cäsaren.

Aber kein Papst dachte daran, auch nur in irgend einer Weise dem Kaiser den Rang abzulaufen. Noch bis ins 8. Jahrhundert titulierten die vielfach noch griechischen oder syrischen Päpste den oströmischen Kaiser in ihrem Schriftwechsel als „κύριος" (Kyrios).[230] Indem der neue fränkische Patricius nach 754 nicht mehr als „Herr", sondern als „Sohn" angesprochen wurde, brachten die Päpste stilistisch eine gewisse Verschiebung der Akzente zum Ausdruck: Das Amt des Kaisers ist zwar nach wie vor unverzichtbar, aber der weltliche „Herr" ist eben geistlicher „Sohn", so daß der geistliche Vater kraft seines geistlichen Amtes (*sub specie peccati*) sogar einen gewissen Vorrang beanspruchen durfte. Der getaufte Kaiser ist schon nach Gelasius „Sohn, nicht Bischof der Kirche"[231].

Schon seit dem 2. Jahrhundert wurden Bischöfe und Papst gelegentlich als *Vices Christi* bezeichnet.[232] Neben der *Successio Apostolica* wurde die Vergegenwärtigung Christi durch das Bischofsamt als Legitimation gegenüber den Gnostikern angewandt. Aber insgesamt herrschte das Schema Konstantins vor, nach dem der Kaiser der *Vices Christi* ist. Er

---

230 Eugen EWIG, *Der römische Appell an die Franken und die Anfänge des Kirchenstaates*, in: HKG III/1 (1985): *Die mittelalterliche Kirche*, aaO., 24 - 30, 28: In Urkundenstil und Münzprägung wurde die formelle Oberhoheit des oströmischen Imperiums immer noch mit Respekt anerkannt.

231 Hugo RAHNER (Hrgb.), *Kirche und Staat im fränkischen Christentum. Dokumente aus acht Jahrhunderten und ihre Deutung*, München 1961, 254 ff.: GELASIUS (+496) übernahm Lehre und Politik seines Vorgängers Papst FELIX II. (+492) „Der Kaiser ist Sohn, nicht Bischof der Kirche ... filius est, non praesul ecclesiae ... discere ei convenit, non docere."

232 Die Kirche des zweiten Jahrhunderts verfolgte in ihrer Auseinandersetzung mit der Gnosis zwei Strategien, um ihre Lehrautorität zu festigen: Man verfertigte erstens bei Päpsten und Bischöfen die entsprechenden Amtsträgerlisten um die apostolische Nachfolge zu erweisen. Zweitens wurde der Bischof immer mehr als der in der *persona Christi* den Herrn präsentierende Stellvertreter gesehen. Das klingt bereits in den Briefen des IGNATIUS VON ANTIOCHIEN (+ um 110) an (z. B. Mag 6, 1; Tral 2, 1; Phil 3,2), setzte sich im 11. Jahrhundert als „quasikaiserliche" Titulatur durch und wurde von Innozenz III. für das Papsttum wörtlich und mit Exklusivität beansprucht. Vgl. Michael BORGOLTE, *Petrusnachfolge und Kaiserimitation*, aaO, 151 ff. („Die Grablege bei der Residenz des Vicarius Christi am Lateran: 12. Jahrhundert".) Vgl. Norbert BROX, *Kirchengeschichte des Altertums*, aaO, 105 - 110 („Die Geschichte des römischen Primats").

repräsentiert Christus beim Konzil wie die Bischöfe die Apostel.[233] „Christus vincit, Christus regnat, Christus imperat" wurde zunächst, wie schon gesagt, beim Erscheinen des Kaisers gesungen. Später wurde es bis zum heutigen Tag das Papstlied der Römer. Im Laufe des 11. Jahrhundert wurde der Titel „Vices Christi" allmählich zum geläufigen Papsttitel.[234] Daraus darf man schließen, daß die Reformpäpste sozusagen den „Summepiskopat" des Kaisers für sich beanspruchen. D. h., sie strebten dort nach kaiserlicher Vollmacht und Symbolik, wo es um die kaiserliche Kirchenhoheit ging. Christliche Kaiser wie Theodosios I. (378 - 395) sollten nicht mehr den heidnischen Titel eines *Pontifex Maximus* führen[235] und *de facto* als solcher agieren. Diese Konfiguration hält das neue Papsttum für abgetan, mit Recht mit der Schlüsselgewalt des Petrusamtes nicht mehr vereinbar und in übertragenem Sinn nur für das oberste geistliche Amt zulässig.

III.

Am deutlichsten läßt sich unsere Frage an der Entwicklung der altchristlichen „Kaiserkonzilien" zu den „Papstkonzilien" des Mittelalters verfolgen. Aus den römischen Synoden mit überregionalem Anspruch entwickelten sich seit 1123 die mittelalterlichen Papstkonzilien, deren oberster Konzilsmoderator eben nicht mehr der Kaiser, sondern der Papst war.[236] Höhepunkt dieser Entwicklung war das Vierte Laterankonzil (1215). Als die Kirche im späten Mittelalter kurzfristig von

---

233 Klaus SCHATZ, *Primat*, aaO, 116 ff.: vom *Vicarius Petri* zum *Vicarius Christi*. - Konstantin der Große ließ sich noch in seinem Mausoleum, als den neuen Christenkaiser und „Vikar" Christi im Kreise der Zwölf Apostel thronend darstellen.

234 Ausführlich bei Klaus SCHATZ, *Primat*, aaO, 116 - 118. („Innozenz III., 1198 - 1216")

235 A. PABST, Art. „Pontifex Maximus", in: LexMA 7(1995), 95. Gratian gab den Titel nach 376 und 379 auf. Rudolf SCHIEFFER, *Der Papst als pontifex maximus*, in: ZRGKanAbt 57 (1971), 300 ff.

236 Nach den sieben bzw. acht Ökumenischen Konzilien (II. Nikaia 787 und IV. Konstantinopel 870) des christlichen Ostens wurden daselbst keine Synoden mit allgemeinkirchlicher Verbindlichkeit mehr abgehalten. Im Westen blieb aber die Idee der Weiterentwicklung der konziliaren Lehre wach. Seit Kardinal Robert Bellarmin (1542 - 1621) werden die „Papstkonzilien" vom Ersten Laterankonzil (1123) an wieder als ökumenisch gezählt: Zweites Laterankonzil (1139), Drittes (1179), Viertes (1215). Darauf folgten die beiden Konzilien von Lyon (1245, 1274) und das Konzil von Vienne 1311/12 nach dem alten Modell. Konstanz (1414 - 1418) und Basel (1432 - 1437) fielen etwas aus dem Rahmen. Das Fünfte Laterankonzil (1511 - 1517) war dann wieder ein typisches Papstkonzil. In der Rezeptionsgeschichte war das Erste Lateranense umstritten, das Basler Konzil war kontrovers, das Fünfte Lateranense wurde vor allem von den Reformatoren abgelehnt. Zur Rezeptionsgeschichte vgl. Hubert JEDIN, *Kleine Konziliengeschichte*, Freiburg/Br. 1960, 10 f.

diesem Prinzip abwich, war es Ausdruck einer der größten Krise des Jahrhunderts vor der Reformation. Martin Luther griff die Idee vom „freien", d. h. vom Papst „freien" Konzil, nicht zufällig wieder sehr früh auf.[237]

In der Missionsgeschichte des frühen Mittelalters zeigte sich ganz deutlich, daß die neuen *Patricii* und Kirchenherren prinzipiell keineswegs wesentlich „kanonischer" zu denken vermochten als der byzantinische Kaiser. 715 hatte noch Gregor II. in Baiern die Einsetzung des Metropoliten und kanonische Bestellung der Bischöfe beansprucht. 739 hatte der hl. Bonifatius in diesem kanonischen Sinn die Pläne als päpstlicher Legat mit Einschränkungen durchgeführt.[238] Doch schon Bischof Virgil von Salzburg (745 - 780) geriet in Streit mit ihm - offensichtlich, weil er sein Amt in eigenkirchlicher Tradition von Herzog Odilo bekommen hatte.[239] Noch 811 „verordnete" Kaiser Karl wie selbstverständlich die Drau als Provinzgrenze zwischen Aquileia und Salzburg. Trotzdem sollte nach römischer Auffassung die Errichtung von Bistümern, Kirchenprovinzen und Klöstern theoretisch dem Papst als oberster Autorität obliegen, wie es der *Dictatus papae* 300 Jahre später als durchaus altes Anliegen enthielt.[240]

Bischofsernennungen gehörten in Mittelalter und Neuzeit zu den vornehmsten Gerechtsamen des Königs (d. h. zu den Regalien). Diese in die eigene Verfügbarkeit zu bekommen, war ein Jahrtausendanliegen der Päpste, das erst durch das Rechtsbuch von 1983 im Sinne der kanonischen Ernennung erfüllt wurde. Als noch im 19. Jahrhundert katholische Fürsten wie selbstverständlich ihre Bischöfe bestellten, ließ die Kurie allerdings mit großer Beharrlichkeit wissen, daß es sich dabei

---

237 Bei der Leipziger Disputation 1519 leugnete bekanntlich Luther die Verbindlichkeit der Konzilien in Glaubensfragen. In der Adelsschrift (1520) bezeichnete er das „Papstkonzil" als eine der drei satanischen Mauern zur Versklavung der christlichen Freiheit: WA 6, 406 f. : "... vnd ob sie schon ein Concilium musten machen, haben sie doch dasselb zuuor mat gemacht, ... dartzu dem Bapst vollen gewalt geben vir alle ordnung des Concilii ..." Auf dem Wormser Reichstag 1521 erklärte er feierlich, daß er weder dem „Papst noch den Konzilien glaube". Erwin ISERLOH, *Geschichte und Theologie der Reformation im Grundriß*, Paderborn 1980, 37, 41.

238 Karl Friedrich HERMANN, *Die Salzburger Kirche. Kirchliches Leben*, in: *Geschichte Salzburgs*, hrgb. Heinz DOPSCH, Hans SPATZENEGGER, Bd. I/2 (Vorgeschichte, Altertum, Mittelalter), Salzburg 1983, 983 - 1001, 985.

239 Michael TANGL (Hrgb.), *Die Briefe des heiligen Bonifatius und Lullus*, Berlin 1916 (MGH *in usum scholarum, Epist. selectae* I). Ep. 68 vom 1. Juli 746, Papst ZACHARIAS an Bonifatius. Bonifatius hatte Bischof Virgil von Salzburg wegen Mängel in der verwendeten Tauffomel und wegen der Antipodenfrage angeklagt. Dem Streit mag aber als eigentliche Ursache die "unkanonische" Bestellung Virgils durch den Herzog zugrunde liegen.

240 Carl MIRBT/Kurt ALAND, *Quellen*, aaO, *(Dictatus papae)*, Nr. 547, 282 f.

um kein natürliches Recht, sondern ein Privileg handelte. Man behalf sich wenigstens mit dem Grundsatz der „Prinzipienverwahrung".

IV.

Jahrhunderte lang wußten zwar die Päpste, daß der Bischof von Rom mehr als andere apostolische Kirchen und Ortsbischöfe eine Zuständigkeit auch für die Gesamtkirche besitzt,[241] aber es dauerte lange, bis die Idee der „potestas directa, vere episcopalis, ordinaria"[242] auch mit faktischem Gehalt erfüllt wurde. Ein Mittel zur Realisierung dieses Jurisdiktionsanspruchs war die kirchliche Gerichtsbarkeit. Bereits Innozenz I. (402 - 417) beanspruchte sie 404 für die Gesamtkirche.[243] Seit dem 11. Jahrhundert wurden immer mehr kirchliche Streitfälle in Rom anhängig, indem die Parteien vom Appellationsrecht Gebrauch machten. Die Päpste scheinen dieses eher gefördert zu haben, weil es ihrem Amtsverständnis entgegenkam, obwohl es sich zur Zeit Eugen III. (1145 - 1153) zu einer Plage entwickelt haben mußte.[244] Die leichtfertige Appellation wurde zu einem Reformtopos, nachdem man in einer Aufwertung der Metropolitanverfassung gegen den päpstlichen „Zentralismus" das Heil gesehen hatte.

Eine weitere Möglichkeit, den Jurisdiktionsprimat faktisch aufzuwerten war die Exemtion von Klöstern.[245] Dadurch daß sich Klöster

---

241 Klaus SCHATZ, *Primat*, aaO, 32 - 37, 35: Cyprian und die Schlüsselgewalt.

242 Dogmatische Konstitution *Pastor aeternus* vom 18. Juli 1870 der Vierten Sitzung des Ersten Vatikanums, DH, Nr. 3050 -3075, 3060: *„potestas ordinaria, vere episcopalis iurisdictionis ... immediata ..."*

243 Klaus SCHATZ, *Primat*, aaO, 50 f. GEORG SCHWAIGER, Art. „Innozenz I.", in: LexMA 5 (1991), 433.

244 BERNHARD VON CLAIRVAUX (1090 - 1153) schreibt seinem ehemaligen Schüler Papst EUGEN III. (1145 - 1153), er bedaure, daß dieser von Früh bis Spät seine Zeit mit der Schlichtung von Rechtshändeln verschwenden müsse, die er als Mönch im Kloster viel besser hätte nutzen können: *De consideratione ad Eugenium papam* I, 3 - 5, in: *Werke* 1, 626 - 827, 632 - 639. Vgl. auch Ep. 178 an INNOZENZ II. (März 1135), in: *Werke* 2, 1034 - 1041, dazu Ferruccio GASTALDELLI, *Historischer Kommentar*, ebd., 1154.

245 Die Klöster strebten zunächst Exemtionsprivilegien in der Hoffnung an, sich dadurch von den bedrückenden Lasten des Eigenkirchenwesens zu lösen. Denn auch die Bischöfe waren vielfach Eigenkirchenherren, eingebunden in das feudale System der grundherrlich und dynastisch denkenden Gesellschaft. Das war etwa der Grund dafür, daß das Reformkloster Cluny 910 nicht nur die Befreiung vom weltlichen Stifter und Vogt, sondern auch von der bischöflichen Jurisdiktion erlangte. Für das Papsttum bedeuteten Exemtionsprivilegien wieder eine Möglichkeit, im Raum der Diözesen Jurisdiktionsakte nach der Auffassung von der *potestas directa* zu setzen. Bernhard von Clairvaux lehnte zunächst die Exemtion ab, weil sie der *humilitas* und der dem Gehorsamsgelübde der Zisterzienser widerspräche. Ep 42 (an Heinrich von Boisroques, Erzbischof von Sens, um 1128), Par. 31 - 36, in: Werke 2, 440 - 503, 491 - 501. Willibald M. PLÖCHL, *Geschichte des Kirchenrechts*, Bd. 2, Zweite Aufl. 1962, 232 ff.

von der direkten Jurisdiktion der Bischöfe befreien wollten, weil diese oft auch eine obrigkeitliche des Eigenkirchenherrn war, fand der Papst die Möglichkeit im Bereich dieser Diözesen und der weltlichen Fürstentümer, Jurisdiktion- und Verwaltungsakte zu setzen. Eines der ersten exemten Klöster war Fulda (744, 751 eximiert durch Papst Zacharias). Auch die Exemtion wurde zu einem Reformtopos und Gravamen. Die Inquisition der neuen Bettelorden im 13. Jahrhundert war ein Versuch, die Ketzerverfolgung etwas zu zentralisieren. Selbst die Bulle „Summis desiderantes" (1484) von Innozenz VIII. (1484 - 1492) war noch wesentlich formalrechtlich, nämlich von der Idee der Exemtion, nicht so sehr inhaltlich (d. h. von der Hexenfrage) bestimmt.[246] Bei der Spanischen Inquisition ist es dem Papsttum nur symbolisch gelungen, Einfluß auf die Bestellung des jeweiligen Großinquisitors zu nehmen.[247]

V.

Die Sorge um den Kirchenstaat beeinträchtigte vor allem im 15. und 16. Jahrhundert zeitweise die Wahrnehmung gesamtkirchlicher Interessen. Damals ging es bekanntlich um die Bildung der fünf italienischen Territorialstaaten, Venedigs, Mailands, Florenz', Neapels und eben des *Stato Papale.*Trotzdem darf man auch das Patrimonium Petri im großen und ganzen als zeitbedingte Notwendigkeit zur ungehinderten Handlungsfreiheit des Papstes als des Hirten der Gesamtkirche ansehen.

Das Immunitätsrecht der Päpste stellt einen frühen Versuch dar, Unabhängigkeit von weltlichen Mächten zu erlangen, vor allem auch von Einmischungen des Kaisers in Byzanz und den neuen Potentaten im Italien der Völkerwanderungszeit. Papst Gelasius I. (492 - 496) formulierte bereits die Zweigewaltenlehre, nach der die weltlichen christlichen Fürsten *sub specie peccati* grundsätzlich auch der obersten kirchlichen Hirtengewalt unterworfen sein konnten.[248] Gleichzeitig stellte er die Forderung nach dem *privilegium fori* für den Papst auf, wo-

---

246 Carl Mirbt, *Summis desiderantes* (5. Dez. 1484), 492 f., Nr. 780. - Einzelne Bischöfe (z. B. Brixen) widersetzten sich der inquisitorischen Tätigkeit der Verfasser des Hexenhammers (Heinrich Institoris und Jakob Sprenger 1487). Der Papst wollte nur fataler Weise die Handlungsfreiheit der Dominikanerinquisition gegenüber der Jurisdiktion der Ortsbischöfe sicherstellen.

247 Paul Mikat, Art. „Inquisition", in: LThK (1960), 698 - 702.

248 „Filius est, non praesul ecclesiae ... discere ei convenit, non docere," vgl. oben Gelasius Anm. 219 und 231.

nach der Papst vor kein irdisches Gericht gezogen werden dürfe: „Summa sedes a nemine iudicetur: homo spiritualis omnia iudicat, sed a nemine iudicetur." (1 Kor 2,15) Unter seinem Nachfolger Symmachus (498 - 514) entstand eine der ersten Fassungen des späteren Constitutum Constantini, gruppiert um die ältere Silvesterlegende, nach dem Kaiser Konstantin den Westen aus Dankbarkeit für seine Heilung vom Aussatz dem Nachfolger Petri gleichsam zur Regierung überlassen habe.[249]

Durch die sgn. Pippin'sche Schenkung von 756 trat das Papsttum mehr symbolisch als real die Rechtsnachfolge der byzantinischen Herrschaft in Italien an.[250] Der Kaiser hatte bekanntlich sein Exarchat Ravenna an die Langobarden verloren. Der fränkische König Pippin, erst kürzlich zum Patricius des Papstes erwählt, nahm den Langobarden ihre Kriegsbeute ab, war aber keineswegs gewillt, sie dem Kaiser zu restituieren. Pippin hatte den Langobardenkrieg für den Papst geführt. Damit war eine Symbolhandlung von großer Tragweite gesetzt. Sie drückte die neue Stellung des Papstes zum fränkischen Königtum aus. Gleichzeitig rückte das päpstliche Amtsverständnis immer mehr in die Nähe der Aussagen des *Constitutum Constantini*, das ziemlich sicher zu dieser Zeit entstanden ist. Der Papst trat nun auch äußerlich sichtbar als Inhaber eines kaiserlichen Exarchats das Erbe des Kaisers an, allerdings ohne sich eigentlich dessen exekutiver, militärischer, legislativer und fiskalischer Macht zu erfreuen.

Das päpstliche „Imperium" war auf den Patricius als Vogt angewiesen. Ähnlich wie die deutschen Reichsbischöfe konnte es sich den nötigen Freiheitsraum nur durch die freie „Vogtwahl" sichern. Das versuchte Innozenz III., indem er das „regnum" für das Papsttum beanspruchte. Und es erklärt z. B. den Jahre langen kuriosen Streit, den Johannes XXII. (1314 - 1334) wegen der Bestellung des Reichsvikars in Italien mit Ludwig dem Baiern führte. Dieser Zwist wurde zunächst, wie es scheint, nur für des Kaisers Bart gehegt. Denn das alte *regnum Italiae* des Kaisers war nicht mehr aktuell, und der Papst war ein „König ohne Land" geworden. Aber das Bewußtsein, einmal den Kaiser in Italien beerbt zu haben, und die damit verbundenen ideellen Ziele, die die Päpste seit den Tagen des Gelasius (492 - 496) verfolgten, waren noch im Gedächtnis der Beteiligten geblieben.

---

249 Horst Fuhrmann (Ed.), Constitutum Constantini, in: MGH, Fontes iuris 10 (1968). Horst Fuhrmann, Art. „Konstantinische Schenkung", in: LexMA 5 (1991), 1385 - 1387. Carl Mirbt/ Kurt Aland, *Die Konstantinische Schenkung*, 251 - 256, Nr. 504.

250 Th. F. X. Noble, Art. „Pippinische Schenkung", in: LexMA 6 (1993), 2171f. Carl Mirbt Kurt Aland, *Die Schenkungen Pippins (774) und Karls d. Gr. (774)*, Nr. 506 und 509, 260.

VI.

Zur Illustration des bereits Gesagten seien abschließend einige Worte über die Geschichte der päpstlichen Tiara, der dreifachen Krone, des bekanntesten päpstlichen Herrschaftssymbols, gesagt.

Bis Paul VI. (1963 - 1978) ließen sich bekanntlich die Päpste mit der Tiara krönen, die sie auch sonst bei feierlichen Anlässen außer bei eigentlichen liturgischen Handlungen noch bis zum Zweiten Vatikanum trugen. Der symbolbewußte Papst schenkte dieses quasikaiserliche Herrschaftzeichen den Armen der Welt. Mit dieser „Tathandlung" sollte das Ende einer Ära markiert werden, die bei aller geschichtlichen Kontingenz Respekt und Verständnis verdient.

Die Phrygia (Par. 14), das mitraähnliche Herrschaftssymbol der Päpste seit dem 8. Jahrhundert gehört zu den quasikaiserlichen Symbolen des *Constitutum*, die Tiara dagegen, die dreifache Krone, wurde zunächst nicht verwendet. Sie entwickelte sich allmählich zum Souveränität- und Freiheitsymbol, und zwar vor allem in Zeiten der Krise, da es galt, sich zu artikulieren. Papst Sergius III. 911 und Benedikt VII. 983 nahmen erstmals die kaiserliche Haube, als im „Dunklen Jahrhundert" die Päpste in demütigende Abhängigkeit der herrschenden Familien der Stadt Rom und ihres Umlandes geraten waren. Sergius III. mußte in Rom auf eigene Finanzhoheit und eigenen militärischen Schutz verzichten. Der Umstand, daß die Päpste nicht mehr Herren im eigenen Hause waren, bedeutete keineswegs eine Steigerung ihrer moralischen Autorität oder ihres geistlichen Profils. Innozenz III. verwendete den ersten Kronreif als Symbol, daß der Papst gleichberechtigter König unter Königen sei, so wie der päpstliche Nuntius auf dem Wiener Kongreß Doyen des diplomatischen Corps wurde. Bei Bonifatius VIII. dürfte die zweite Krone eine Art symbolische Oberherrschaft im Sinne eines Schiedsgerichts nach der Devise bedeutet haben: *rex super reges*. Aber auch in diesem Fall scheint eine historische Ehrenrettung angebracht zu sein. Der Papst, selber ein bekannter Kanonist, wehrte sich gegen die Unterstellung, daß er eine wie immer geartete „Weltherrschaft" anstrebe. Auch wenn er wie „Noah das Schiff Christi steuere", wolle er nicht über die Rechtsgehalte des von Eugen III. mit Barbarossa ausgehandelten Konstanzer Vertrags (1153) hinausgehen.[251] Be-

[251] Der Kaiser verpflichtet sich zur Intervention als der „weltliche Arm" der Christenheit in drei Fällen: bei Unruhen in Rom, bei der Ketzerverfolgung und der Verteidigung der heiligen Stätten. Th. KÖLZER, Art. „Konstanzer Vertrag", in: LexMA 5 (1991), 1409. Nach Alfons M. STICKLER, *Bonifaz VIII.*, aaO, 39 f. interveniert der Papst nur „sub specie peccati".

kanntlich wollte dieser konfliktfreudige Papst des Mittelalters, Frankreich und England zur Beendigung ihrer zum 100jährigen Krieges führenden Zwistigkeiten zwingen. In Avignon war die dritte Krone das Symbol der Hilflosigkeit Benedikts XII., der praktisch wie seine beiden Vorgänger noch nicht einmal über eine Grafschaft, geschweige denn über Souveränitätsrechte verfügte.[252]

In der Reformationszeit wurde der Fürst wieder als oberster Bischof als der „Summepiskop" entdeckt, nachdem schon Gelasius geschrieben hatte, daß der Kaiser nicht „Bischof, sondern Sohn der Kirche" sei. Protestantische wie katholische Fürsten bezeichneten sich als „papa et episcopus in territorio suo". Das vor 1555 von den protestantischen Ständen politisch erstrittene und geübte Reformationsrecht wurde nun auch reichsrechtlich sanktioniert. Angesichts der oben geschilderten Emanzipationsbestrebungen des römischen Stuhles mag das als archaischer Rückschritt der Christentums- und Menschheitsgeschichte gewertet werden. Denn wer wird heute behaupten wollen, daß das von den Reformatoren erreichte Reformationsrecht und die Religionshoheit des absolutistischen Fürsten ein Höhepunkt menschlicher Freiheitsgeschichte war? Man wird eher sagen können, daß sich kleinere Kirchenherren als Päpste *en miniature* gerieren konnten, weil sie ungerechte und unmoralische Gesetze erwirkt hatten. Man könnte dem Papsttum von 1555 - 1648 vorwerfen, daß es ihm im Zeitalter des konfessionellen Absolutismus aus verschiedenen Gründen nicht gelungen ist, den nie ganz aus dem Auge gelassenen Primatsgedanken auch praktisch durchzusetzen. Auf alle Fälle war es das Gewissen des „kleinen Mannes", das durch das Reformationsrecht in einer bis dahin nie vorstellbaren Weise geknebelt wurde. Es ist schwer faßbar, daß wohl gebildete, „liberale" Katholiken zur Zeit des Ersten Vatikanums diese Zusammenhänge nicht sehen konnten.

Das war m. E. deshalb nicht möglich, weil sie in kulturkämpferischer Verblendung Menschenwürde und Freiheit durch Glaubensgehorsam, kirchliches Lehramt und kirchliche Jurisdiktion, nicht aber durch Mißbrauch der Staatsgewalt und deren immer wiederkehrende

---

252 INNOZENZ III., *Sermo in festo D. Silvestri Pontificis Maximi*, in: PL 217, 481 - 484. Vgl. oben Anm. 152. Percy Ernst SCHRAMM, *Zur Geschichte der päpstlichen Tiara*, in: Könige und Päpste 4/2 (1971), 108. Gerhart B. LADNER, *Die Statue Bonifaz' VIII. in der Lateranbasilika und die Entstehung der dreifach gekrönten Tiara*, in: Images and Ideas in the Middle Ages, Rom 1983, 414 f. Othmar HAGENEDER, *Papsttum*, aaO, 41 f. Gerhard B. WINKLER, *Kirchenfürst oder Seelsorger? Vom Wandel des päpstlichen Selbstverständnisses*, in: ThPQ 134 (1986), 5 - 12. Über die Tiara vgl. ebd., 1o f. Zu INNOZENZ III. vgl. ebd., 10.

„Vergötterung" gefährdet sahen. Wie der „liberale Katholik" Friedrich Heer wiederholt gezeigt hat, war der Nationalliberalismus des 19. Jahrhunderts blind gegenüber den Gefahren der Hegelianischen Staatsidee. Von daher war der Blick dieser Generation auch gegenüber der säkularen Rolle des päpstlichen Emanzipationsstrebens getrübt. Sie glaubten, die Päpste behielten dem Kaiser vor, was des Kaisers ist, wenn sie diesem nicht den Synodenvorsitz, die Errichtung von Kirchenprovinzen, Diözesen und Klöstern, das Patronat über die Missionen und die Besetzung der Bischofstühle überließen. Der Liberalismus hielt das Kirchenrecht und die kirchliche Jurisdiktion wie die Gallikaner und Josephiner für eine Beeinträchtigung des Verwaltungsstaates. Sie verdächtigten die Rechtskirche als Staat im Staate. In diesem Punkt konnten sie nicht sehen, daß Gewaltenteilung und „checking of power" nicht nur für die betroffenen Menschen, sondern auch für die Staaten als verfassungsmäßige Realitäten eigentlich immer Segen bedeutet hatte. Wenn die Päpste in einem tausendjährigen Ringen dem Kaiser abtrotzten, was nicht des Kaisers war, nämlich sein von der heidnischen Religiosität ererbtes Oberbischofsamt, dann war dieser Verlust auch ein Gewinn für die Staaten. Denn nichts bedeutet so sehr den Ruin der Reiche dieser Welt wie ihre Sakralisierung. Die quasikaiserliche Symbolik der Päpste mit ihrer „Nachahmung des Kaisertums" erfüllte demnach für den gläubigen Christen (wenigstens den katholischer Provenienz) einen Verkündigungsauftrag, gleichzeitig aber einen Dienst an der Menschheit. Denn Cäsaropapismen waren noch keiner Zeit oder Kultur wohlbekommen.

LITERATUR

Berthold ALTANER, Alfred STUIBER, *Patrologie*, Achte Aufl., Freiburg/Br. 1978.

Robert AUBERT, „Art. Hermes", in: DHGE 24 (1993), 99.

Roger AUBERT, *Die Katholiken und das Problem der italienischen Einheit,* in: HKG VI/1 (1985), 375 - 380.

Johannes AUER, Joseph RATZINGER, *Kleine Katholische Dogmatik,* Bd 8 („Die Kirche"), Regensburg 1983, 56 ff.

Johannes B. BAUER, *Das Verständnis der Tradition in der Patristik,* in: Kairos 20 (1078), 193 - 208.

Karl BAUS, *Das Petrusgrab,* in: HKG I (1985), 137 - 140.

Karl BAUS, *Ausbau der kirchlichen Verfassung,* in: HKG I (1985), 172 - 180.

Wolfgang BEINERT, Art. „Unfehlbarkeit", in: LThK 10 (2001), 389 - 392.

J. BEUMER, Art. „Extra ecclesiam nulla salus", in: LThK 3 (1959), 1320 f.

Karl BIEHLMEYER (Hrgb.), *Apostolische Väter,* Tübingen 1924.

M. BIERBAUM, Art. "Pontifex Maximus", in: LThK 8 (1963), 613.

Michael BORGOLTE, *Petrusnachfolge und Kaiserimitation,* Göttingen 1989.

Walter BRANDMÜLLER, *Die Apostolischen Nuntien in Wien,* Festrede zur Präsentation des entsprechenden Buches vom Apostolischen Nuntius DDr. Donato SQUICCIARINI, Diplomatenakademie, Wien 1998.

Norbert BROX (HRGB.) IRENÄUS, *Adversus haereses,* in: FC, Bd. 8/1 - 8/5 (Freiburg/Br. 1993 - 2001).

Norbert BROX, *Kirchengeschichte des Altertums*, Düsseldorf 1983, 105 - 110 („Die Geschichte des römischen Primats").

M. BUR, Art. „Reims", in: LexMA 7 (1995), 657 - 662.

Pierre-Thomas CAMELOT, *Ephesus und Calcedon*, in: Geschichte der Konzilien, Gervais DUMEIGE, Heinrich BACHT, Bd. 2 (1963).

Die Regeln des Franziskanischen Ersten Ordens, <Non Bullata> c. 17, hrgb. Laurentius CASUTT, in: Hans URS VON BALTHASAR, *Die großen Ordensregeln*, Einsiedeln 1974, 261 - 321.

Erich CASPAR, *Geschichte des Papsttums*, 2 Bde., Tübingen 1930 - 1933.

F. L. CROSS (Ed.), Art. „Hermesianism", in: *Oxford Dictionary of the Christian Church*, Dritte Aufl., Oxford 1997, 761.

Ignaz VON DÖLLINGER, *Römische Briefe vom Konzil („Quirinusbriefe")*, München 1870/Repr. Frankfurt 1968, 461, Nr. 52.

Ignaz VON DÖLLINGER, *Beiträge zur Sektengeschichte des Mittelalters*, II. Teil (DOKUMENTE), München 1890, Repr. Darmstadt 1968.

Heinz DOPSCH (Hrgb.), *Leo III. an die Bischöfe Bayerns (798 April)*, lat./deutsch, in: 1200 Jahre Erzbistum Salzburg, hrgb. Domkapitel zu Salzburg, Salzburg 1998. SUB II, 3 f., Nr. 2a.

Liber Pontificalis, ed. Louis DUCHESNE I, Paris, Zweite Aufl. 1907.

Ludwig EISENHOFER, *Grundriß der Liturgik des römischen Ritus*, hrgb. Joseph LECHNER, Fünfte Aufl., Freiburg/Br. 1950, 224.

EUSEBIUS von Cäsarea, *Kirchengeschichte* (HE II, 25), hrgb. Heinrich KRAFT, München 1967.

Eugen EWIG, *Der Ausbau der kirchlichen Verfassung*, in: HKG (1985) I, 176.

Eugen EWIG, *Die Kirche im Abendland vom Tod Ludwig des Frommen bis zum Ende der Karolingerzeit*, in: HKG III/1, 160 - 172.

Eugen EWIG, *Der Niedergang von Papst- und Kaisertum* (875 - 904), in: HKG III/1 (1985), 172 - 178.

Eugen EWIG, *Der römische Appell an die Franken und die Anfänge des Kirchenstaates*, in: HKG III/1 (1985), 24 - 30.

Karl August FINK, *Die Kurie in Avignon*, in: HKG III/2: *Die mittelalterliche Geschichte*, 413 - 425.

Isnard FRANK, *Kirchengeschichte des Mittelalters*, Düsseldorf 1984.

Horst FUHRMANN, *Die Päpste. Von Petrus zu Johannes Paul II.*, München 1998.

Horst FUHRMANN (Ed.), *Constitutum Constantini*, in: MGH, *Fontes iuris* 10 (1968).

Horst FUHRMANN, Art. „Konstantinische Schenkung", in: LexMA 5 (1991), 1385 - 1387.

Horst FUHRMANN, Art. „Pseudoisidorische Dekretalien", in: LexMA 7 (1995), 307 - 309.

Franz X. FUNK (Hrgb.), *Opera patrum apostolicorum*, Bd. 2, Tübingen 1881.

Ferruccio GASTALDELLI, *Historischer Kommentar zu den Briefen Bernhards von Clairvaux*, in: Werke 2 und 3 (1992).

GEBHARD von Salzburg an Bischof Hermann von Metz (1081), in: MGH, *Epist. sel. II, 2, 564* ff., ed., Erich CASPAR, in: Carl MIRBT, Kurt ALAND, *Quellen*, aaO, Nr. 566, 289 - 295, 294. Lateinisch/deutsch: Irene SCHMALE-OTT (Hrgb.), *Quellen zum Investiturstreit*. Zweiter Teil, Darmstadt 1980, 122 - 173.

W. GESSEL, Art. „Afrika" (III. Kirchengeschichte), in: LThK 1 (1993), 220 - 221.

Joachim GNILKA, *Petrus und Rom. Das Petrusbild in den ersten zwei Jahrhunderten*, Freiburg/Br. 2002.

Ferdinand GREGOROVIUS, *Geschichte der Stadt Rom im Mittelalter vom V. bis zum XVI. Jahrhundert*, 3 Bde., hrgb. Waldemar KAMPF, Darmstadt 1963.

E. HAENCHEN, Art. „Gnosis und NT", in: RGG 2 (1958), 1652 - 1656.

Othmar HAGENEDER, *Das Papsttum und die mittelalterliche Christenheit*, in: Fs. Rudolf Zinnhobler, hrgb. Herbert KALB, Roman SANDGRUBER, Linz 2001, 41 - 54.

Karl Friedrich HERMANN, *Die Salzburger Kirche. Kirchliches Leben*, in: *Geschichte Salzburgs*, hrgb. HEINZ DOPSCH, HANS SPATZENEGGER, Bd. I/2, Salzburg 1983, 983 - 1001.

Johan HUIZINGA, *Herbst des Mittelalters*, hrgb. Kurt KÖSTER, Stuttgart 1987, 57 - 66 („Die hierarchische Auffassung der Gesellschaft").

Erwin ISERLOH, *Geschichte und Theologie der Reformation im Grundriß*, Paderborn 1980.

Erwin ISERLOH, *Der gebannte Mönch vor dem Reichstag zu Worms*, in: HKG IV (1985), 77.

Hubert JEDIN, *Kleine Konziliengeschichte*, Freiburg/Br. 1960.

Andreas JUNGMANN, *Missarum Sollemnia*, 2 Bde., Wien 1948.

L. JUST, Art. „Gallikanismus", in: LThK 4 (1965), 499 - 503.

R. KAISER, Art, „Bischofsstadt", in: LexMA 2 (1983), 239.

Ernst H. KANTOROWICZ, *Laudes regiae. Study in liturgical acclamations and medieval ruler worship*, Berkeley - Los Angeles 1946.

J. N. D. KELLY, *The Oxford Dictionary of Popes*, Oxford, New York 1986, Repr. 1990.

Friedrich KEMPF, *Die Kirche in Frankreich, Italien und Deutschland (900 - 946)*, in: HKG III/1 (1985), 226.

R. KLEIN, Art. „Rugier", in: LexMA 7 (1995), 1092 f.

Friedrich KLUGE, Art. „Papst", in: *Etymologisches Wörterbuch der deutschen Sprache*, Berlin 1960, hrgb. Walther MITZKA, 18. Aufl., 530 f.

M. D. KNOWLES (Ed.), *Bede's Ecclesiastical History of the English Church*, London 1910/1950.

M. D. KNOWLES, *Geschichte der Kirche*, hrgb. L. J. ROGIER etc., Bd. 2, Einsiedeln 1971, 368 - 375 („Die Päpste in Avignon").

Th. KÖLZER, Art. „Konstanzer Vertrag", in: LexMA 5 (1991), 1405.

Die Gedichte Walthers von der Vogelweide, 12. Aufl. hrgb. Carl von KRAUS, Berlin 1959.

Peter LANDAU, *Die Rechtsstellung des Metropoliten in der Geschichte des Kirchenrechts*, in: 1200 Jahre Erzbistum Salzburg, Fs. Salzburg 1998, 173 - 184.

Albert LANG, *Der Auftrag der Kirche (Fundamentaltheologie* II), München 1954.

Louis J. LEKAI, *The Cistercians*. Ideals and Reality, Kent State University 1977.

J. LONGÈRE, Art. "Predigt", in: LexMA 7 (1995), 172.

Carl MIRBT/Kurt ALAND (Hrgb.), *Quellen zur Geschichte des Papsttums und des Röm. Katholizismus*, 6. Aufl., I, Tübingen 1967.

Paul MIKAT, Art. „Inquisition", in: LThK (1960), 698 - 702.

John Henry Cardinal NEWMAN, *An Essay on the Developement of Christian Doctrine* (1845), ed. Ian Ker, Notre Dame 1989.

Th. F. X. NOBLE, Art. „Pippinische Schenkung", in: LexMA 6 (1993), 2171 f.

Rudolf NOLL (Hrgb.), *Vita Severini des Eugippius*, Passau 1963.

Ignatio ORTIZ DE URBINA, *Nizäa und Konstantinopel*, in: Gervais DUMEIGE-Heinrich BACHT, aaO, Bd. 1, 290.

A. PABST, Art. „Pontifex Maximus", in: LexMA 7(1995), 95.

Willibald M. PLÖCHL, *Geschichte des Kirchenrechts*, Bd. 1, Zweite Aufl., Wien etc. 1960, 54 ff.; 170 f.

Odette PONTAL, *Die Synoden im Merowingerreich*, Paderborn etc. 1986 (= *Konziliengeschichte*, hrgb. Walter BRANDMÜLLER).

Hermann J. POTTMEYER, *Das Unfehlbarkeitsdogma im Streit der Interpretationen*, in: Karl LEHMANN (Hrgb.), *Das Petrusamt*, München etc. 1982, 89 - 109.

Hugo RAHNER (Hrgb.), *Kirche und Staat im fränkischen Christentum. Dokumente aus acht Jahrhunderten und ihre Deutung*, München 1961.

Joseph RATZINGER, *Das neue Volk Gottes. Entwürfe zur Ekklesiologie*, Düsseldorf 1969.

Joseph Cardinal RATZINGER, *Zur Gemeinschaft gerufen. Kirche heute verstehen*, Freiburg/Br. 1991.

Joseph Cardinal RATZINGER, *Ein Briefwechsel zwischen Metropolit Damaskinos und Kardinal Ratzinger*, in: IKaZ 30 (2001), 282 - 296.

Joseph Cardinal RATZINGER, *Weggemeinschaft des Glaubens. Kirche als Communio*, hrgb. Stephan Otto HORN, Vinzenz PFNÜR, Augsburg 2002, 187 - 209.

L. J. ROGIER, R. AUBERT, M. D. KNOWLES (Hrgb.), *Geschichte der Kirche*, I, Einsiedeln, Zürich, Köln 1963.

Richard SAMUEL (hrgb.), *Novalis Schriften*, Bd. 3, Dritte Aufl., Mainz 1983, Düsseldorf 1983, <*Die Christenheit oder Europa*>, 507 - 524.

Klaus SCHATZ, *Der päpstliche Primat. Seine Geschichte von den Ursprüngen bis zur Gegenwart*, Würzburg 1990.

Klaus SCHATZ, *Vaticanum* I 1869 - 1879/ Bd. III („Unfehlbarkeitsdiskussion und Rezeption"), Paderborn etc. 1994.

Theodor SCHIEFFER, *Winfried Bonifatius und die christliche Grundlegung Europas*, Freiburg /Br. 1954/1972/1980.

Rudolf SCHIEFFER, *Der Papst als pontifex maximus*, in: ZSRG.K 57 (1971), 300 ff.

Bernhard SCHIMMELPFENNIG, *Das Papsttum. Von der Antike bis zur Renaissance*, Vierte Aufl., Darmstadt 1996.

Heinrich SCHMIDINGER, *Patriarch im Abendland.* Beiträge zur Geschichte des Papsttums, Roms und Aquileias im Mittelalter, hrgb. Heinz DOPSCH etc., Salzburg 1986.

Kurt Dietrich SCHMIDT, *Grundriß der Kirchengeschichte*, Fünfte Aufl., Göttingen 1967.

Gerhard SCHNEIDER (Hrgb.), CLEMENS von Rom, *Brief an die Korinther*, in: FC 15 (1994), 16 (Einleitung: „Verfasser und Abfassungszeit").

PERCY ERNST SCHRAMM, *Sacerdotium und regnum im Austausch ihrer Vorrechte: „imitatio imperii" und "imitatio sacerdotii"*, in: Kaiser, Könige und Päpste, Gesammelte Aufsätze 4, 1, Stuttgart 1970, 57 - 106. DERS., *Imitatio imperii in der Zeit des Reformpapsttums*, in: Kaiser, Könige und Päpste, aaO, 353 - 359.

Georg SCHWAIGER, Art. "Liberius", in: LThK 4 (1965), 1015 f.

Hermann H. SCHWEDT, Art. „Hermes", „Hermesianismus", in: LThK (1996), 10 ff.

Hermann H. SCHWEDT, Art. „La Mennais, Hugo-Felicité-Robert de", in: LThK (1997), 568 f.

J. SEMMLER, Art. „Bonifatius (Winfrid)", in: LexMA 2 (1983), 417 - 420.

Richard SENNETT, *Verfall und Ende des öffentlichen Lebens. Die Tyrannei der Intimität („The Fall of Public Man"*, New York 1977), Frankfurt/Main 1983.

B. SIRCH, *Der Ursprung der bischöflichen Mitra und der päpstlichen Tiara*, St. Ottilien 1975.

Jakob SPEIGL, Art. „Dreikapitelstreit", in: LexMA 3 (1986), 1381 f.

Alfons STICKLER, *Il Giubileo di Bonifacio VIII. Aspetti giuridico-pastorali,* Rom 1977, 39, Anm. 44 (= Quaderni della Fondazione Camillo Caetani II). Zit. nach: Pierre DUPUY, *Histoire du Différend d'entre le Pape Boniface VIII et Philippe le Bel Roy de France,* Paris 1655.

T. STRUVE, Art. „Gregorianische Reformen", in: LexMA 4(1989), 1686 - 1688.

T. STRUVE, Art. „Gebhard", Erzbischof von Salzburg, in: LexMA 4 (1989), 1163 f.

Harald TALGNER, *Die deutschen Katholikentage (1848 - 1869).* Zu einer Mentalitätsgeschichte des Ultramontanismus, Diss. Salzburg 1990.

Die Briefe des heiligen Bonifatius, hrgb. M. TANGL, Berlin 1916 (= MGH Epist. *selectae* I), 32 (Epist 18).

Brian TIERNEY, *A conciliar theory of the thirteenth century,* in: Catholic Historical Review 36 (1951), 415 - 440.

Brian TIERNEY, *Pope and Council. Some new decretist texts,* in: Medieval Studies 19 (1957), 197 - 218.

Virgil von Salzburg, *Verbrüderungsbuch* von St. Peter, Salzburg, Cod. HS A 1, Archiv St. Peter.

Wolfgang WALDSTEIN, *Untersuchungen zum römischen Begnadigungsrecht. Abolitio-Indulgentia-Venia,* Innsbruck 1964, 147 - 151. (= Commentationes Oenipontanae 18, hrgb. Karl JAX, Robert MUTH).

Exordium der *Methodus,* in: Erasmus Studienausgabe, hrgb. Werner WELZIG, Darmstadt 1967, Bd. 3 (hrgb. Gerhard B. WINKLER).

Gerhard B. WINKLER, *Bernhard von Clairvaux.* Die eine und umfassende Kirche - Einheit in der Vielheit, Innsbruck 1991.

Gerhard B. WINKLER, *Friedrich von Hardenberg (Novalis), „Die Christenheit oder Europa". Über die Tyrannei der Buchstaben. Reformations- und Revolutionskritik,* in: Der Freiheitsgedanke in den Kulturen des italienischen und deutschen Sprachraums, Akten der 21. Tagung der deutsch-italienischen Studien, Meran 1989/1992, 531 - 540.

Gerhard B. WINKLER, *Kirchenfürst oder Seelsorger? Vom Wandel des päpstlichen Selbstverständnisses,* in: ThPQ 134 (1986), 5 - 12.

Herwig WOLFRAM, *Die Zeit der Agilolfinger,* in: Heinz DOPSCH etc. (Hrgb.), *Salzburg,* aaO I/1 (1981), 135 f.

ABKÜRZUNGEN

ActaS	Acta Sanctorum, ed. Bollandisten, 70 Bde., Antwerpen 1643 - 1770, Repr. Paris 1966 - 1971.
CCL	Corpus Christianorum seu nova Patrum collectio series Latina, Turnhout -Paris 1953 ff.
CSEL	Corpus scriptorum ecclesiasticorum Latinorum, Vindobonae 1866 ff.
DH	Heinrich Denzinger/ Peter Hünermann (Hrgb.), Enchiridion Symbolorum etc., 37. Aufl., Freiburg/Br., 1991.
Dipl.	Diplomarbeit, unveröffentlicht.
Diss.	Dissertation, unveröffentlicht.
Ep.	Brief Bernhards.
Epist.	Brief anderer Autoren
Fs.	Festschrift.
FC	Fontes Christiani, ed. Norbert Brox, Wilhelm Geerlings u. a., Freiburg/Br. 1990 ff.
GCS	Die griechischen christlichen Schriftsteller der ersten drei Jahrhunderte, Berlin, Leipzig 1897 ff.
HDG	Handbuch der Dogmengeschichte, hrgb. Michael Schmaus etc., Freiburg/Br. 1951 ff.
HE	Eusebius von Caesarea, Kirchengeschichte (Historia Ecclesiastica), hrsg. Heinrich Kraft, München 1967.
HKG	Handbuch der Kirchengeschichte, hrsg. v. Hubert Jedin, 10 Bde., Freiburg 1962 - 1979/1985.
Hs.	Handschrift.
Jb.	Jahrbuch.
KKK	Katechismus der Katholischen Kirche, München etc. 1993.
LexMA	Lexikon des Mittelalters, Zürich, München 1977 ff.
LThK	Lexikon für Theologie und Kirche, 2. Aufl., Freiburg/Br., 1957 - 1968; 3. Aufl., 1993-2001, durch beigefügte Jahreszahl gekennzeichnet.
Mansi	Sacrorum conciliorum nova et amplissima collectio, ed. J. B. Mansi, Venedig 1757 - 1798, ed. L. Petit, J. B. Martin, Paris 1899 - 1927.
MGH	Monumenta Germaniae Historica.
PG	Patrologia Graeca, ed. J.-P. Migne, Paris 1844 ff.

PL	Patrologiae cursus completus. Series Latina, ed. J.-P. Migne, Paris 1844 ff.
RAC	Reallexikon für Antike und Christentum, Stuttgart 1950 ff.
RGG	Religion in Geschichte und Gegenwart, Sieben Bde., Tübingen 1957 - 1963.
SBU	Salzburger Urkundenbuch.
StT	Studi e Testi. Bibliotheca apostolica Vaticana, Rom 1900 ff.
ThPQ	Theologisch - praktische Quartalschrift, Linz.
Werke	Bernhard von Clairvaux. Sämtliche Werke, Bd. 1 - 10, lat./deutsch, hrgb. Gerhard B. Winkler, Innsbruck 1990 - 1999.
Zs.	Zeitschrift
ZSRG.K	Zeitschrift der Savignystiftung für Rechtsgeschichte, Kanonistische Abteilung, Weimar 1911 ff.
WA	Martin Luther, Werke. Kritische Gesamtausgabe, Weimar 1883 ff.

REGISTER